JAK KUPIĆ
PIERWSZY DOM
w UK?

MAREK KMIOTEK

AGA MOCZYŃSKA

KAMIL TOMASZEWSKI

Redakcja: Joanna Sosnówka Limitless Mind Publishing LTD
Korekta: Anna Gajowniczek
Projekt okładki: Anna Gajowniczek
Skład i łamanie: InkWander

ISBN: 9788397177994

Limitless Mind Publishing Ltd
15 Carleton Road
Chichester
PO19 3NX
England
Tel. +44 7747761146
Email: office@limitlessmindpublishing.com

Drogi Czytelniku!
Znajdź nas na Facebook/Instagram:
limitless mind publishing
Odwiedź naszą stronę na Amazon
wpisując w wyszukiwarkę limitless mind publishing
lub skanując kod, aby zobaczyć nasze inne pozycje.
♥ Będziemy bardzo wdzięczni za Twoją opinię na temat książki. To znaczy dla nas wiele.

Zapraszamy również na fanpage
„Jak kupić pierwszy dom w UK?"

SPIS TREŚCI

Skupimy się na aspektach, które ułatwią Ci oględziny nieruchomości. Dzięki temu będziesz w stanie lepiej oszacować koszty remontu, a co za tym idzie, faktyczną wartość nieruchomości.

Uzyskasz informacje jak przygotować się do sfinalizowania transakcji oraz jakie dokumenty będziesz musiał podpisać, aby zakończyć proces zakupowy.

Ponownie Aga Moczyńska objaśnia, czym jest aplikacja kredytowa oraz jakie czynności wykonuje Mortgage Broker, aby uzyskać dla Ciebie najlepszą ofertę kredytową.

Prawnik Kamil Tomaszewski opisze jak wygląda, oraz z jakich etapów składa się proces zakupowy od strony prawnej, łącznie z tym, jakie czynności wykonuje dla Ciebie prawnik.

Przeczytasz, jak zarejestrować się w Local Council, aby ustawić płatność Council Tax, jak wybrać dostawcę energii, a także, w jaki sposób przygotować się do remontu nieruchomości.

PODZIĘKOWANIA

Drogi Czytelniku,
Niniejsza książka nie jest dziełem jednego autora. Pisząc ją, uświadomiłem sobie, że nie będę w stanie omówić dwóch niezwykle ważnych aspektów zakupu nieruchomości, jakimi są uzyskanie kredytu hipotecznego oraz proces prawny.

Pragnę wyrazić słowa wdzięczności Adze Moczyńskiej oraz Kamilowi Tomaszewskiemu za ich bezcenny wkład w treść lektury, którą właśnie dzierżysz w swoich rękach. Aga Moczyńska, w sposób jasny i przyjemny, przeprowadza cię przez ścieżkę niezbędną do uzyskania finansowania na zakup swojego domu, wyjaśniając wszystkie kluczowe definicje oraz tłumacząc sposób, w jaki możesz zbudować wiarygodność oraz zdolność kredytową. Prezentuje również metody pracy brokera przy składaniu aplikacji o kredyt, dzięki czemu będziesz wiedział, na co zwrócić uwagę przy staraniu się o hipotekę swojej nieruchomości.

Kamil Tomaszewski opisuje krok po kroku poszczególne etapy, przez które będziesz musiał przejść, kupując swoje cztery ściany. Dla wielu ludzi aspekty prawne kojarzą się z zawiłymi definicjami i trudnymi pojęciami. Doświadczenie oraz kunszt prawniczy Kamila pozwoli Ci zrozumieć, że współpracując z odpowiednimi ludźmi, nie musisz się martwic, że czegoś nie wiesz. Uważam, że Kamil jest najskuteczniejszym polskim prawnikiem na wyspach brytyjskich, a treść napisana w książce tylko potwierdza ten fakt.

Mogę z czystym sercem powiedzieć, że Aga Moczyńska i Kamil Tomaszewski sprawili, iż książka jest kompletna, dlatego raz jeszcze dziękuje za poświęcony czas, wkład oraz nieocenioną pomoc, a Tobie, Drogi Czytelniku, życzę przyjemnego czytania. Jestem przekonany, że wraz z zakończeniem książki, twoja świadomość wzrośnie i będziesz głodny zakupu pierwszego domu, a później kolejnych.

Z życzeniami sukcesów!
Marek Kmiotek

Marek Kmiotek

Miłośnik zmian i życiowych wyzwań. Przez 12 lat był kucharzem. Pracował w najlepszych polskich restauracjach, takich jak Senses, Cucina 88, Oskoma, Ed Red, Nolita. Uczestnik wielu konkursów kulinarnych. W Wieku 25 lat objął stanowisko Szefa Kuchni w poznańskiej restauracji DOMU Kitchen & Friends.

W wieku 27 lat podjął decyzję o wyjeździe z Polski i osiedlił się w Anglii. Pół roku później postanowił zostawić gastronomię, przenieść się do Szkocji i bez znajomości branży, ale z zapałem do pracy otworzył firmę w obszarze nieruchomości.

Był współwłaścicielem Futuro Property Group, firmy zajmującej się wyszukiwaniem okazji inwestycyjnych dla inwestorów oraz Futuro Property Project Management, zajmującej się zarządzaniem projektami remontowymi.

Obecnie zarządza firmą sourcingową pod marką Dowbusz Property, działającą na terenie Sheffield oraz Manchester. W ciągu sześciu lat pomógł blisko 150 inwestorom zrealizować ich cel znajdując odpowiednią nieruchomość, partycypując w każdym procesie zakupowym. Ponadto jest współtwórcą jednego z najbardziej rozpoznawalnych polskich podcastów na wyspach brytyjskich o tematyce rozwoju osobistego i biznesu, The Mind is The Limit. Jest też współtwórcą projektu Bogaty z Natury, na którego łamach promuje zdrowy tryb życia. Robi to poprzez tworzenie bloga oraz podcastu o tej tematyce, a także organizację wydarzeń plenerowych.

Aga Moczyńska

Kobieta biznesu, założycielka i dyrektor firmy brokerskiej Hussaria Group Ltd, edukator. Od 10 lat dzieli się swoją wiedzą na temat finansowania nieruchomości na konferencjach i szkoleniach. Związana z rynkiem usług finansowych w UK od 2006 roku. Przed założeniem własnej firmy doradczej przez szereg lat była managerem w spółce niezależnych doradców finansowych w Manchesterze.

Jej prawie 30-osobowy zespół doradza osobom indywidualnym i początkującym inwestorom, ale również doświadczonym landlordom i spółkom limited z całym portfolio nieruchomości.

Jest nie tylko przedsiębiorcą i doświadczonym doradcą kredytowym, ale również sama inwestuje w nieruchomości. W roku 2022 rozpoczęła dwa duże projekty konwersji budynków komercyjnych na lokale mieszkalne, których zakończenie jest planowane na pierwszą połowę 2023. Inwestuje zarówno indywidualnie jak i z wspólnikami.

Prywatnie, mama trójki dzieci, miłośniczka kultury francuskiej i sportów zimowych. Wierzy, że w życiu można z powodzeniem godzić biznes z rodziną, a umiejętność brania odpowiedzialności za siebie i innych sprawia, że potrafi podejmować odważne, decyzje konieczne w rozwoju prywatnym i zawodowym.

Kamil Tomaszewski

Absolwent studiów prawniczych na University of Huddersfield w 2014, a obecnie odbywa doktorat z prawa. W 2016 roku uzyskał uprawnienia radcy prawnego w jednej z TOP 50 firmie prawniczej w Wielkiej Brytanii.

Kamil doradza głównie biznesom i właścicielom firm prowadzącym swoje operacje w Anglii, obsługuje międzynarodowe spółki w transakcjach handlowych i korporacyjnych, kontraktach ich różnego rodzaju inwestycjach. Współpracuje z najbardziej renomowanymi doradcami w kwestiach pożyczek, podatkach, zarządzaniu majątkiem oraz innymi prawnikami na terenie większej części Europy.

Kamil, wraz ze swoim ponad 70-osobowym zespołem w kancelarii McHale & Co Solicitors (www.mchaleandco.co.uk) aktywnie wspiera Polonie w Wielkiej Brytanii każdego dnia w kwestiach prawnych. Jednym z głównych działów skupiający się na obrocie nieruchomościami każdego tygodnia obsługuje transakcje o łącznej wartości 2-3 miliona funtów.

Jako inwestor i zapalony majsterkowicz Kamil regularnie uczestniczy w profesjonalnych wydarzeniach z branży nieruchomości oraz angażuje się we własne projekty budowlane poprzez www.renooovate.com. W wolnym czasie Kamil lubi prowadzić zajęcia Brazylijskiego Jiu-Jitsu i Judo (były prozawodnik) oraz spędzać czas z żoną i córkami.

REKOMENDACJE

Aga Moczyńska - Inwestor. Mortgage Broker. Właściciel największej polskiej firmy brokerskiej w UK Hussaria Group Ltd.

„Kupno nieruchomości jest jedną z największych decyzji ekonomiczno-finansowych w życiu. Masz w swoich rękach wyjątkowy przewodnik, który łączy w sobie doświadczenie Marka, który od lat pasjonuje się rynkiem nieruchomości. Ponadto możesz skorzystać z profesjonalnej i rzetelnej wiedzy Kamila Tomaszewskiego w zakresie zagadnień prawnych związanych z procesem zakupu oraz mojego wieloletniego doświadczenia na temat kredytów hipotecznych i finansowania zabezpieczonego na nieruchomościach. To wszystko znajdziesz w tej jednej pozycji. Życzę Ci z całego serca udanej lektury i pomyślnych zakupów — każda wspaniała podróż zaczyna się od pierwszego kroku."

Arkadiusz Błażyca - Przedsiębiorca. Autor bestsellera "Kot Biznesik. Jak pewien zwykły kot został biznesmenem."

„Marek to człowiek słowa oraz czynu. Jeśli coś robi, to robi to na sto pięćdziesiąt procent, a jeśli coś mówi, to po to, by zbudować trwałe relacje. Być może dzięki temu jego negocjacje są tak skuteczne, a siatka kontaktów tak obszerna. Jeśli Twoim celem jest zakup nieruchomości na jak najlepszych warunkach, to moim zdaniem nie mogłeś trafić lepiej."

Szymon Niestryjewski - Przedsiębiorca. Właściciel największego polskiego biura księgowego w UK, SN Accounts.

„Marka znam chyba od początku jego kariery w nieruchomościach.

Jego za pał i profesjonalne podejście pokazuje, że ten temat to jego pasja. Rzadkością jest, aby ktoś z taką wiedza pomagał w kupnie i doborze nieruchomości. Marek z cierpliwością i poczuciem dużej odpowiedzialności świetnie doradza w tym zakresie."

Marcin Kamoda - Trener świadomej sprzedaży.

„Marek to ekspert w swojej dziedzinie, którego wiedza oparta jest przede wszystkim na długoletnim doświadczeniu i praktyce. Świetny negocjator, który posiada wysokie umiejętności komunikacji, a jego doświadczenie w obszarze nieruchomości pomoże Ci wejść na ten rynek i osiągnąć sukces. Polecam z całego serca."

Aleksandra Sitkowska - Właściciel agencji nieruchomości AS Property Avenue.

„Wieloletnie doświadczenie Marka oraz przeprowadzenie ponad stu transakcji stanowi wiedzę, wartą miliony. Książka ta w przystępny sposób opisuje proces wyszukiwania i zakupu nieruchomości. Prezentuje zarówno kwestie prawne, finansowe, jak i praktyczne aspekty tego procesu. Dowiesz się, jak zminimalizować ryzyko i pokonać niepewność. Pozycja dla każdego, kto planuje kupić swoją nieruchomość."

Kuba Gajewski - Założyciel Next Level Events Londyn oraz Crypto Event UK.

„Miałem przyjemność współpracować z Markiem i to właśnie dzięki niemu moja skuteczność wzrosła niesamowicie. Jest on jednym z najskuteczniejszych ludzi, jakich znam. Jeśli rzeczywiście zależy Ci na zakupie pierwszego lub kolejnych domów to trudno będzie Ci znaleźć bardziej odpowiednią osobę z podobną wiedzą i doświadczeniem. Przeprowadzając dziesiątki transakcji, poznał większość błędów, jakie można popełnić przy zakupie nieruchomości. Ta książka pomoże Ci ich nie popełnić, a z racji tego, że zakup domu to nie zakup roweru czy pary butów, to każdy błąd słono kosztuje. Dlatego moim zdaniem wiedza zawarta w tej książce jest bezcenna, a sam Autor włożył w nią całe swoje serce, ale znam Marka i wiem, że ponad wartości materialne dużo mocniej ceni sobie wartość pomocy innym ludziom. Miłej lektury!."

Jarosław Kwella - Inwestor. Manager branży piłkarskiej.

„Marek przez lata pomagał mi w realizacji moich inwestycji w UK. Książka jest bogata w informacje i wyjaśnia wszystkie kwestie związane z kupnem nieruchomości. Jest napisana jasnym i przystępnym językiem, co czyni ją bardzo przyjazną dla czytelnika. Jako osoba, która przez lata korzystała z usług Marka, polecam tą doskonałą książkę wszystkim tym, którzy chcą dowiedzieć się więcej na temat zakupu nieruchomości w Wielkiej Brytanii."

Piotr i Justyna Kapica - Klienci

„Pragnienie kupna domu było naszym najważniejszym celem w życiu i udało się nam to dzięki Markowi i jego nieocenionej pomocy. Gdy pewne aspekty nie były dla nas wystarczająco zrozumiałe, skrupulatnie omówił je z nami, dbając o nasze bezpieczeństwo, abyśmy byli pewni tego, co kupujemy. Jego wiedza, dobra komunikacja, oraz podejście do klienta są na najwyższym poziomie. Jesteśmy przekonani, że książka ta pomoże wielu ludziom w kupnie swoich wymarzonych czterech ścian."

JAK CZYTAĆ KSIĄŻKĘ?

Niniejsza książka została napisana w celu pomocy w kupnie swojego pierwszego domu. Jeśli posiadasz już swoją nieruchomość, to również uzyskasz sporo wartościowej wiedzy, która może Ci się przydać przy okazji kolejnego zakupu.

W książce znajduje się wiele porad dla osób, które do tej pory nie wierzyły, że mogą posiadać swój własny dom. Każdemu z nas został narzucony określony program, kiedy byliśmy jeszcze dziećmi. Część z nas miała lepszy start w życiu i otrzymała wzorce wspierające, dzięki czemu odpowiedzialność oraz świadomość samostanowienia przyszła szybciej.

Druga część musiała poświęcić więcej czasu na odbudowę tożsamości i zmianę programów, które zostały narzucone w procesie indoktrynacji w domu oraz w szkole. Wtedy nie mogliśmy się ochronić przed wpływem otoczenia i blokującymi przekonaniami naszych rodziców, nauczycieli, przyjaciół itd.

W książce znajduje się wiele sugestii, jak zlokalizować w sobie ograniczające przekonania oraz w jaki sposób wymienić je na wspierające punkty odniesienia. Każdy rozdział to kolejny etap, a więc czytając książkę, odniesiesz wrażenie, że jest to chronologicznie ułożony plan, który pozwoli Ci na zrozumienie każdego kroku w procesie kupna nieruchomości.

Podkreślaj i rób notatki

Zachęcam do kreślenia oraz notowania na marginesach kluczowych informacji. Dzięki temu zaangażujesz lewą półkulę mózgową i zapamiętasz więcej treści.

Poprzez parafrazy, które stworzysz na marginesach, łatwiej znajdziesz informacje, których szukasz, kiedy będą Tobie potrzebne. Wracaj do książki tak często, jak tego potrzebujesz, dzięki czemu pozbędziesz się wątpliwości.

Plan kupna nieruchomości

Na końcu książki znajdziesz streszczenie w postaci punktowego planu. Został on stworzony w celu zobrazowania Tobie, że kupno domu w Wielkiej Brytanii jest proste.

Podążaj tym planem, wracaj do rozdziałów, aby upewnić się, że wszystko, czego potrzebujesz, aby dokonać kupna nieruchomości, już odhaczyłeś i przystąp do działania. Nie odwlekaj decyzji zbyt długo. Mózg będzie Cię chronił przed podjęciem decyzji, racjonalizując i podsyłając myśli, które mogą wzbudzić w Tobie wątpliwości. To naturalny mechanizm obronny.

Jeśli czujesz się gotowy na zakup domu, po prostu to zrób.

- ROZDZIAŁ 1 -

Czy kupno nieruchomości jest dla mnie?

KAŻDY może kupić swój dom!

Niezależnie od pochodzenia, stanu konta, przeszłości, wykonywanego zawodu i przekonań, powinieneś kupić swoją nieruchomość.
Dlaczego?

Ponieważ możesz!

Ponieważ jako jedyny gatunek żyjący na tej planecie posiadasz potężną siłę woli i tylko od ciebie zależy, jak będziesz myśleć o sobie, o swoim życiu i o tym, co możesz osiągnąć. Nikt nie może Ci wmówić, że czegoś nie da się zrobić.

Chcesz kupić wymarzony dom i w nim zamieszkać sam lub z rodziną? Czy planujesz kupić nieruchomość, aby móc podnająć pokoje innym ludziom (tzw. lodger)? Dzięki mieszkaniu z najemcami uzyskasz przychód umożliwiający Ci pokrycie kosztów raty kredytowej lub rachunków, podczas gdy Ty będziesz mógł gromadzić więcej oszczędności i zaplanować zakup kolejnych aktywów.

Książka traktuje o zakupie pierwszego domu, który może być furtką do zakupu kolejnych nieruchomości. Jeśli zrobimy to w umiejętny i odpowiedni sposób, może przyczynić się do świetnego startu w świat inwestycji.

W Wielkiej Brytanii mieszka ponad 500 000 Polaków. Osobiście znam co najmniej tysiąc osób, które przyjechały na wyspy z niczym, a niektórym do pierwszego miliona brakowało dwóch, a jednak mieli w sobie wiarę oraz potrafili pokierować swoją siłą woli w taki sposób, by kupić pierwszy dom, a później kolejne. Ta książka pokaże Ci, w jaki sposób powtórzyć ich kroki i co zrobić, aby łatwo i przyjemnie dotrzeć do miejsca, w którym powiesz sobie głośno:

„Tak! Jestem gotów na kupno domu. Mam odłożone środki na koncie. Posiadam wystarczającą ilość pieniędzy. Zbudowałem solidną zdolność kredytową. Znam odpowiednie osoby, które pomogą mi w procesie zakupowym. Posiadam wiedzę, która pozwoli mi pominąć kosztowne błędy. Mam wszystko, czego potrzebuje, aby to zrobić".

Jeśli Twoim głównym celem jest zakup swojej pierwszej nieruchomości, zapisz sobie powyższy tekst na kartce i noś go przy sobie wszędzie. Kilka razy dziennie spoglądaj na kartkę i pomyśl, jak będziesz się czuł, kiedy już zrealizujesz ten cel. Jeśli potrzebujesz uzbierać określoną sumę pieniędzy, kartka ta będzie chronić cię przed nierozsądnymi wydatkami. Lepsze auto kupisz sobie później. Będziesz mógł, podobnie jak w kultowym skeczu Kabaretu Moralnego Niepokoju, wejść do sklepu z domami, stanąć twarzą w twarz ze sprzedawcą i z uśmiechem, dumnie wygłosić: „Dzień dobry, czy są domy? Bo jeśli tak, to ja poproszę dom!" z tą różnicą, że kabaret był o kupnie drzwi.

A teraz zupełnie poważnie...

Żyjemy w świecie, w którym wszystko jest na wyciągnięcie ręki. W świecie, w którym wszystko zależy od nas. Nigdy wcześniej zarabianie pieniędzy nie było tak łatwe, jak dziś. Niestety za tą łatwością idzie równie duża szansa na szybką utratę środków. Na każdym kroku czają się pseudo eksperci, którzy próbują nam wmówić, że potrzebujemy ich produktu, że więcej takiej okazji nie będzie. W bardzo umiejętny sposób próbują wzbudzić w nas poczucie ewentualnej straty. Są to najczęściej manipulanci, którzy dobrze znają techniki wpływu, takie jak reguła niedostępności, słuszności społecznej, czy podobieństwa. Wszystkie one szerzej zostały scharakteryzowane w książce „Wywieranie wpływu na ludzi", autorstwa Roberta Cialdini. Polecam tę lekturę, jeśli chciałbyś nauczyć się w dosyć prosty sposób wykrywać kłamców i naciągaczy. Warto wytrenować siłę woli oraz asertywność, aby ochronić się przed niechcianym wpływem zewnętrznym.

To, jak dużo będziesz zarabiać i jak dużo będziesz gromadzić, jest już zależne tylko od Ciebie, a więc od Twoich wyborów i nawyków.

Znaczy to, że jeśli postanowisz, że zgromadzone pieniądze będziesz wydawać tylko na rzeczy niezbędne do przeżycia, to z nadwyżkami będziesz mógł zrobić, co tylko chcesz. Być może przeznaczysz je wtedy na zakup aktywów, które w długoterminowej perspektywie przyniosą przychód pasywny. Możesz również bezpiecznie ulokować je kupując nieruchomość, złoto, lub srebro, które w długoterminowej perspektywie przetrzymują wartość pieniądza. W dużym uproszczeniu na zakup „rzeczy", które będą Ci wkładać pieniądze do portfela. Mogą być nimi właśnie nieruchomości. Aby zobrazować dystynkcję, przedstawiam więcej przykładów:

„Rzeczy", które wkładają nam pieniądze do portfela, lub nie tracą na wartości:
- nieruchomości
- biznes
- wiedza
- zdrowie oraz spędzanie czasu w naturze.

„Rzeczy", które wyciągają pieniądze z portfela bezpowrotnie:

· nieprzemyślane wydatki i kupowanie zbędnych przedmiotów po to, aby zaimponować innym (biżuteria, zegarki, drogie ubrania, drogie auto itd.)

· imprezy

· alkohol i inne używki

· niezdrowe jedzenie (chipsy, cola, fast food, słodycze itd.).

Aby móc zgromadzić potrzebny kapitał na zakup nieruchomości, najpierw trzeba uświadomić sobie, gdzie wydajesz pieniądze. W celu ułatwienia sobie tego zadania polecam stworzyć arkusz w Excelu, w którym co najmniej raz w tygodniu będziesz wpisywać przychody oraz wydatki.

Na początek wystarczy stworzyć dwie kolumny. Jedną z nich zatytułować Przychody, a drugą Rozchody. Dzięki temu zobaczysz, na co faktycznie wydajesz pieniądze.

W Internecie znajduje się sporo wzorów „domowego budżetu" i z łatwością można pobrać taki, który będzie dla Ciebie najbardziej odpowiedni. W jaki sposób zaplanować budżet oraz jak zacząć gromadzić oszczędności opiszę w rozdziale numer 3.

Po co kupować nieruchomości i czy przychód pasywny istnieje?

Krąży wiele opinii na temat definicji przychodu pasywnego. Jedni twierdzą, że nie ma czegoś takiego jak „passive income", inni natomiast mówią, że realnie zarabiają w ten sposób pieniądze. Każdy z nich ma racje. Skoro człowiek nie dopuszcza w swoim życiu możliwości budowania źródeł przychodów pasywnych, to znaczy, że jego prawdą życiową jest, że takie coś nie istnieje i nigdy nie dojdzie do punktu, w którym regularnie spływa do niego określona ilość pieniędzy.

Skoro czytasz tę książkę, znaczy to, że planujesz zakup swojej nieruchomości. Wiele osób, które znam, po zakupie pierwszego domu, zaczynają rozglądać się za kolejnymi, gdyż dostrzegają olbrzymi potencjał w inwestowaniu pieniędzy w aktywach. Zaczynają zatem wierzyć w potęgę przepływu pieniężnego, a co za tym idzie, nabywają ich jeszcze więcej, aby zapewnić sobie poczucie bezpieczeństwa finansowego. Być może Ty również zaczniesz dostrzegać wartość w zakupie aktywów.

W czym mają Ci one pomóc? Warto, abyś na to pytanie odpowiedział sobie sam, jednak spróbuję Cię nieco naprowadzić.

Może to być finansowanie wycieczek.

Może to być pomoc rodzinie.

Może to być rozwijanie pasji.

Może to być finansowanie firmy, którą rozwijasz.

Może to być po prostu życie na określonym poziomie, bez konieczności wstawania o 5 rano, aby stawić się w pracy o godzinie 6:00.

Cokolwiek wybierzesz i zdecydujesz, będzie Twoje.

Zatem jaka jest intencja zakupu Twojej pierwszej nieruchomości?

Każdy może mieć swoją nieruchomość
Pozwól że opowiem Ci krótką historię, która pozwoli Ci zrozumieć, że nie jest ważne, jaką miałeś przeszłość, ale to, co zrobisz ze swoim ży-

ciem dzisiaj.

Kiedy miałem 17 lat i pracowałem jako kucharz w jednej ze szczecińskich restauracji Columbus, byłem nastolatkiem, nie wiedziałem co to życie. Któregoś dnia, pół roku wcześniej, kiedy byłem jeszcze uczniem Szkoły Zawodowej w Szczecinku, ojciec zapowiedział, że jeśli nie wezmę się za robotę, wypierdoli mnie z domu. Postanowiłem więc wziąć jego słowa do serca i z domu wypierdoliłem sam, zanim zrobił to on.

W czerwcu 2008 roku zakończyłem edukację w Szczecinku, nazywając się od tej pory absolwentem Zasadniczej Szkoły Zawodowej o profilu kucharz małej gastronomii. Niestety wymarzony zawód kucharza został mi przedstawiony zarówno w szkole, jak i na praktykach zawodowych w taki sposób, że się lekko mówiąc, nie polubiliśmy.

W szkole nigdy nie byłem prymusem. Wielokrotnie miewałem ciekawsze zajęcia niż obecność na lekcjach, a podczas praktyk zawodowych

najbardziej lubiłem grać z kolegą Tomkiem w koszykówkę, rzucając obieranymi ziemniakami do wielkiego, 50-litrowego gara wypełnionego wodą. Z jednej części obieralni, na drugą. Kiedy więc zakończyłem formalną edukację w gastronomiku, rozpocząłem aktywne szukanie pracy w rodzinnym mieście. Na całe szczęście żaden zakład pracy, do którego aplikowałem, nie chciał mnie przyjąć. Nie było pracy dla ludzi z moim wykształceniem. Był to czas recesji, kiedy bezrobocie na rynku pracy rosło.

Ze wszystkich zajęć, jakie mógłbym wykonywać zarobkowo, bez doświadczenia, od zaraz, wchodziło w grę brukarstwo, a dokładniej układanie kostki brukowej lub pomoc na budowie. W żadnym ze wspomnianych zawodów nie widziałem siebie, dlatego nie widziałem swojego miejsca w Szczecinku.

Ze względu na oświadczenie mojego ojca nie chciałem czekać, aż jakimś cudem pojawi się okazja by spełnił swoje słowa. Przez pryzmat czasu jestem mu szczerze wdzięczny za to, jak ze mną postąpił, ponieważ nieświadomie wzbudził we mnie potrzebę samowystarczalności, dbania o siebie i szukania rozwiązań. To właśnie decyzja o wyjeździe z miasta liczącego 35 tysięcy mieszkańców sprawiła, że udałem się w podróż zwaną życiem, poznałem tysiące fantastycznych ludzi, nauczyłem się budować kontakty, dowiedziałem się co to odwaga, przestałem się bać nieznanego, zacząłem wyznaczać sobie cele i doceniać każdy dzień. Dziękuje Ci tato. Okay, wystarczy tych sentymentów.

Ciepłego, sierpniowego popołudnia mój starszy brat, dostał telefon od mojej kuzynki:

„Grzesiek, w Columbusie potrzebują kucharzy. Mój znajomy jest tam kierasem. Marek mógłby mieć tam robotę od zaraz. Niech przyjedzie. Pozna inny świat. Wyrwie się z tego Szczecinka."

Początkowo nie byłem zainteresowany ofertą. Nie wiedząc dlaczego, za wszelką cenę nie chciałem iść na łatwiznę. Postanowiłem spróbować swoich sił i samodzielnie znaleźć odpowiednią pracę. Podobno upartość mam po moim dziadku. Czy to dobra cecha? Moim zdaniem tak, ale jeśli kierujemy się uporem, warto pomyśleć o bliskich, żeby nikomu nie wyrządzić krzywdy.

Zastanawiasz się pewnie, co oznaczał upór w wykonaniu mojego dziadka. Otóż mieszkał on z babcią oraz dziećmi w Szczecinku. Mieli olejarnie i powodziło im się całkiem nieźle. Dziadek był osobą przedsiębiorczą, dlatego stale szukał nowych pomysłów na siebie. Pewnego dnia zapowiedział mojej babci, że wyprowadzają się na wieś, gdzie zamieszkają w domu z gospodarstwem rolnym, co oznaczało, że zostawiają stabilizację w Szczecinku i idą na niepewny grunt. Ostatecznie dom, który miał być dla nich przeznaczony, zamieszkany był przez kogoś innego, a babcia rodziła kolejne dziecko w stodole. Impulsywność dziadka nie zawsze była dobra.

Wracając do mojej decyzji o wyjeździe z rodzinnego miasta, po kilku namowach brata postanowiłem opuścić Szczecinek. Pod koniec sierpnia spakowałem się w jedną walizkę i pojechałem w świat, a raczej w Polskę, bo Szczecin jest oddalony od Szczecinka o niecałe 200 km. Na początek zamieszkałem w mieszkaniu wynajmowanym przez znajomego mojego brata. Miałem tam swój kawałek podłogi w salonie, gdzie spałem przez kilka kolejnych nocy. W międzyczasie znalazłem pokój na wynajem na Zachodnim Śródmieściu, blokowisku przy ulicy Królowej Jadwigi, który miał się zwolnić za 2 tygodnie. Tyle czasu miałem więc jeszcze spędzić na wspomnianym materacu..

Zapewne myślisz, że od razu skorzystałem z propozycji mojej kuzynki i poszedłem pracować do Columbusa. Nic bardziej mylnego. Tutaj ponownie obudziła się moja wrodzona upartość i zamiast skorzystać z pewnej oferty, postanowiłem, że sam znajdę sobie pracę. W końcu byłem w wielkim Szczecinie. Tutaj na pewno mogłem znaleźć dobrą robotę. Podjąłem decyzję, że będę rozglądał się za pracą w gastronomii. Prawda była jednak taka, że Columbus był jedną z lepszych restauracji w mieście i na myśl o tym, że miałbym zacząć swoją przygodę z gastronomią akurat tam, towarzyszył mi ogromny strach, który mówił:

„Nigdy nie pracowałeś w restauracji. W szkole i na praktykach niczego się nie nauczyłeś. Nie dasz sobie rady w najlepszej knajpie w Szczecinie".

Znalazłem więc pracę w Galerii Handlowej Galaxy, a dokładniej w Restauracji Karczma Polska. Kiedy po dwóch dniach dowiedziałem się, że docelowo na kuchni ma być jeden kucharz na zmianie, w lokalu, który mieści się w strefie gastronomicznej w największej galerii w mieście, zrezygnowałem. Uważałem, że sobie nie poradzę i jest to zbyt duże wyzwanie na początek.

Wróciły myśli o propozycji Moniki. „Skoro kuzynka zna managera, to pewnie nie będzie mi tam źle" – pomyślałem. Następnego dnia postanowiłem udać się na rozmowę z szefem kuchni, Jarosławem. Po krótkiej dyskusji uścisnęliśmy sobie dłonie. Czułem wtedy ogromną satysfakcję, bo Jarosław wydawał się ciekawym człowiekiem. Nazajutrz rano miałem rozpoczynać pierwszy dzień w nowej pracy. Czułem ogrom ekscytacji. Nie wiedząc dlaczego, intuicja podpowiadała mi, że robię dobry ruch, a przecież jeszcze nawet nie ubrałem kitla kucharskiego.

Po powrocie do mieszkania oznajmiłem Adamowi, że zaczynam pracę. Pogratulował mi, ale na jego twarzy nie było widać radości. Od samego początku czułem się w tym mieszkaniu nieswojo. Wychowaliśmy się na jednym osiedlu i nie darzyłem go przyjaźnią. Po prostu był dobrym kumplem mojego brata. Należał mu się szacunek. Był starszy ode mnie o 6 lat.

W nocy przyszedł pijany do salonu, wybudził mnie ze snu i powiedział, że mam się napić z nim wódki. Będziemy celebrować moją nową pracę. Spokojnym, zaspanym głosem odmówiłem, mówiąc, że za 4 godziny zaczynam 1 dzień pracy i muszę być wyspany. W odpowiedzi usłyszałem:

„Chuj mnie to obchodzi. Zapierdalaj do nocnego po wódkę albo pakuj mandżur i wypierdalaj". Stwierdziłem, że nie będę wdawał się w przepychankę słowną, mówiąc, że jest pijany i niech idzie pić z kumplem, a mi da spać, bo jutro mam ważny dzień. Adam rzucił: „Chuj mnie to obchodzi. Dzisiaj ma Cię tu nie być". I wyszedł z pokoju.

Rano przed pracą postanowiłem się spakować i pojechać na ul. Królowej Jadwigi, poprosić najemców czy mógłbym się od razu wprowadzić. Zaproponowałem, że do ustalonego wcześniej terminu będę spał na podłodze, bo i tak nie miałem dachu nad głową. Przyjęli mnie z otwartymi ramionami, więc zostawiłem walizkę i poszedłem do pracy.

Start w nowej pracy był bardzo dobry. Od samego początku zaangażowałem się w nowe zajęcie i poczułem, że było to miejsce, w którym miałem spędzić trochę czasu. Dni w kuchni mijały płynnie, a ja lubiłem ten zawód coraz bardziej. Od samego początku kładłem nacisk na budowanie relacji z zespołem.

Już wtedy czułem w sobie wewnętrzną potrzebę interakcji z innymi. Z perspektywy czasu mogę stwierdzić, że nawiązywanie relacji z innymi przychodzi mi naturalnie, a zaobserwowałem to właśnie tam.

Najwyraźniej wypiłem tę umiejętność z mlekiem matki.

Zaprzyjaźniłem się z kucharzami do tego stopnia, że wynajęliśmy razem mieszkanie. Pracując w trybie 2:2 (dwa dni pracy, dwa dni wolnego), spędzałem z nimi praktycznie cały czas. W kuchni 16 godzin dziennie (Od 9 rano do 1 w nocy) i w dni wolne.

Jest takie dobrze znane powiedzenie: „Z kim przystajesz, takim się stajesz". Jest ono trafne, ale moim zdaniem równie trafne porzekadło brzmi: „Kim się stajesz, z takim przystajesz". Dlaczego tak uważam? Bo najpierw mentalnie Musisz się już stać osobą, którą chcesz być i dopiero wtedy podświadomie Szukasz otoczenia, które będzie odpowiadało twoim nowym kryteriom.

No więc mieszkałem i pracowałem z tymi samymi ludźmi. Żyłem z nimi 24h na dobę, 7 dni w tygodniu. To był czas, kiedy chłonąłem ich nawyki oraz towarzystwo jak gąbka wodę.

Mając 17 lat wyszedłem z domu, w którym na co dzień brakowało wsparcia wypartego przez krytykę. W którym brakowało miłości zastąpionej przez przemoc. Miałem przez to duże braki w samoocenie. Byłem zdania, że w większości domów panował podobny schemat. Przynajmniej taki świat dostrzegałem. Uważałem to za przyjętą normę. Nie znałem życia. Nie potrafiłem słuchać, a jeśli już coś słyszałem, to najczęściej w to wierzyłem. Dlaczego miałbym nie wierzyć? Nie potrafiłem odseparować prawdy od kłamstwa. Nie potrafiłem określić wartości i zasad. Mój mental szorował o dno. Nie znałem siebie. Moja tożsamość praktycznie nie istniała. Musiałem ją wykreować.

Towarzystwo, w które zdecydowałem się wejść po opuszczeniu rodzinnego domu, to byli ludzie, którzy nadużywali środków odurzających i nie myśleli o kreowaniu przyszłości, ale ze względu na to, że byli ode mnie o 10 lat starsi, widziałem w nich autorytet. Miałem potrzebę im zaimponować. Z perspektywy czasu brzydzę się tamtym podejściem, ale z drugiej strony jestem wdzięczny, bo tego doświadczenia nikt mi już nie zabierze. Dziś mogę pomóc innym. Dziś rozumiem ludzi, którzy przechodzą, lub przeszli przez podobny schemat i odważnie wyciągam do nich pomocną dłoń, bo kurwa każdy może dokonać zmian.

Każdy.

Ty też.

Punkt zwrotny

Pewnego dnia, będąc na kuchni, zostałem poproszony przez menagera restauracji na bok. Poszliśmy na patio. Usiedliśmy naprzeciw siebie. Łukasz zadał mi pytanie: „Czego Ty od siebie Marek oczekujesz? Dokąd zmierzasz? Kim chcesz być?”

Zamurowało mnie. Nikt nigdy wcześniej nie pytał mnie o takie rzeczy. W rodzinnym domu zazwyczaj słyszałem słowa destruktywnej krytyki. Najczęstsze z nich to: „nic z Ciebie nie będzie”, „do niczego w życiu nie dojdziesz”, „za robotę się weź”, „do niczego się nie nadajesz”. Nie wiedziałem, co Łukaszowi odpowiedzieć, więc rzuciłem zdawkowe: „nie wiem”.

Wtedy Łukasz odpowiedział: „Posłuchaj młody. Masz 17 lat. Goście chwalą twoje jedzenie. Pracujesz tutaj najkrócej, a najbardziej przykładasz się do swoich obowiązków. Wszystko, co robisz, zawsze jest dopięte na ostatni guzik. Jesteś zdyscyplinowany, uśmiechnięty, entuzjastyczny. Wszyscy mówią, że łatwo się zaadaptowałeś do nowego miejsca. Jesteś lubiany."

"Dziękuje" - odpowiedziałem. "Lubię to, co robię, a każda chwila w kuchni sprawia mi przyjemność."

Łukasz to człowiek, który potrafił bardzo wnikliwie obserwować otoczenie i jak nikt inny, potrafił odczytywać ludzkie intencje. Zapewne wzięło się to z doświadczenia pracy z ludźmi oraz zarządzaniem nimi. Po latach zrozumiałem, że to najważniejsza umiejętność osób, które piastują wyższe stanowiska w firmach.

"Rozumiem, że wraz z ekipą z kuchni postanowiliście razem zamieszkać" - kontynuował Łukasz. "Chcesz być taki jak oni? Nie mają rodzin, piją i nie dbają o zdrowie. Mają prawie po 30 lat."

Wtedy nie wiedziałem, czego chcę od życia. Wydaje mi się, że po prostu potrzebowałem akceptacji otoczenia. Mieszkając z kucharzami, bardzo często nadużywaliśmy alkoholu i twardszych używek. Dzisiaj wiem, że było to ucieczką przed poznaniem siebie.

"Nie" - odrzekłem intuicyjnie. "To tylko tymczasowa zmiana."

"Jeśli chcesz w życiu do czegoś dojść, musisz zmienić otoczenie." - ciągnął Łukasz.

"Musisz wyznaczać sobie cele i szukać możliwości. W Poznaniu jest świetna szkoła gastronomiczna. Wyższa Szkoła Hotelarstwa i Gastronomii, która wysyła swoich studentów na praktyki zagraniczne na wszystkie kontynenty. Jeśli wiążesz swoją przyszłość z poważną kuchnią, idź do liceum zaocznego, zdaj maturę i pójdź na studia do Poznania. Zdobędziesz wiedzę i poznasz ludzi, dzięki którym będziesz mógł piąć się wyżej. Pomyśl o tym.

Postaw na siebie".

Ponownie mnie zamurowało. Nie wiedziałem co powiedzieć.

"Obiecuje, że przemyślę dzisiejszą rozmowę" - wymamrotałem pod nosem, nie wiedząc co mam odpowiedzieć. Nikt wcześniej do mnie tak nie mówił.

Łukasz uścisnął mi dłoń. Podziękowałem mu, ale w głowie miałem natłok myśli. Pozytywnych myśli. Jak gdyby ktoś mi odpiął blokadę. Czułem, że urosły mi skrzydła. Wiedziałem, że to, co powiedział Łukasz, jest prawdą. Po raz pierwszy w życiu uwierzyłem w siebie i postanowiłem dokonać zmian. Niedługo później wyprowadziłem się od chłopaków.

Znalazłem pokój przy ulicy Śląskiej, w kamienicy, w mieszkaniu czteropokojowym. Tylko jeden pokój był zamieszkany. Mieszkał w nim Tomek, który był agentem ubezpieczeniowym.

Poznanie Tomka również miało wpływ na mój paradygmat życia. Z perspektywy czasu wiem, że te wydarzenia nie były przypadkowe. Zawsze marzyłem o tym, żeby być kimś, tylko wtedy jeszcze nie wiedziałem nawet, kim jestem, a co dopiero kim mam zostać.

Tomek miał 22 lata. Był zawsze elegancko ubrany. Idealnie skrojona marynarka, dobrze wyprasowana, biała koszula, krawat i wypastowane buty. Do tego dobrej jakości perfumy, które dodawały mu charakteru. W roku 2009 był jednym z najlepszych i najskuteczniejszych agentów ubezpieczeniowych w firmie.

Nie potrafiłem się nawet ubrać, więc któregoś dnia poszliśmy razem do galerii Galaxy, żeby wybrać mi jakieś ubrania. Zawsze chodziłem w ciuchach po starszym bracie, a nowe ubrania dostawałem albo na urodziny, albo na święta i to też niewiele. Zazwyczaj były to skarpetki, spodnie, lub jakaś bluza. Pamiętam, jak za pierwsze zarobione pieniądze postanowiłem kupić sobie pierwsze, oryginalne buty do piłki nożnej – korki Nike. Moja mama zawsze powtarzała „Kupuj ponad wymiar, żebyś mógł dłużej chodzić". No i kupiłem o rozmiar za duże. Tylko, że moja noga już przestała rosnąć i buty założyłem tylko raz. Oddałem je koledze za darmo.

Tomek pokazał mi jak dobrać garderobę, aby górne części pasowały do dolnych zarówno pod względem kolorystyki, jak i stylu. Wytłumaczył mi, jak olbrzymi wpływ na postrzeganie mężczyzn przez kobiety ma wygląd zewnętrzny. W domu nikt mi tego nigdy nie mówił, a ze względu na status finansowy mojej rodziny, nie mogłem sobie nigdy pozwolić na dobre ubrania. Dzięki wiedzy zaczerpniętej od Tomka, moja pewność siebie z dnia na dzień robiła się coraz większa.

Idąc za poradą Łukasza, zacząłem wyznaczać swoje pierwsze cele. Tomek czytał książki o tematyce rozwoju osobistego, a każdego dnia wieszał w pokoju inny cytat motywacyjny, więc też zacząłem sobie takie teksty wieszać. Dodawały mi energii i siły do działania. Poznanie tego człowieka poszerzyło mój horyzont myślowy i wykreowało człowieka wymagającego od siebie więcej, dzięki czemu każdego dnia stawałem się coraz lepszą wersją siebie.

Pewnego dnia zapisałem sobie na kartce cel: „Będę szefem kuchni w wieku 30 lat". Dzięki mojemu uporowi, dyscyplinie, pracy po 300 godzin miesięcznie, osiągnąłem ten cel w wieku lat 25. Na tym zakończę opowieść o moim młodocianym życiu. Być może kiedyś napiszę oddzielną książkę, ponieważ wątków, zwrotów akcji i wydarzeń było co niemiara.

Opisałem tylko krótką historię początków życia 17-letniego chłopaka, który zdecydował się wyjechać poza rodzinne miasto. Dzisiaj mam 31 lat, piszę tę książkę z biura w moim domu w angielskim mieście Sheffield. W międzyczasie wydarzyło się tysiące innych sytuacji, które mniej lub bardziej pomogły mi ukształtować charakter i osobowość, człowieka, którym jestem dziś. Mieszkałem w tym czasie w Szczecinku, w Szczecinie, w Niemczech, w Poznaniu, w Grecji, w Warszawie, w Anglii oraz w Szkocji. Pracowałem w 18 restauracjach, zmieniałem miejsce zamieszkania ponad 40 razy, prowadziłem cztery firmy, zamknąłem trzy spółki, zmieniałem branżę trzykrotnie i każde z tych wydarzeń napchane było innymi doświadczeniami, tysiącami spotkanych ludzi i wieloma cennymi lekcjami. Książka ma jednak traktować o zakupie pierwszej nieruchomości, dlatego moją krótką historię kończę tutaj.

Po co o tym wszystkim piszę?

Bo chcę Ci powiedzieć, że takie wydarzenia potrafią zmienić paradygmat życia i odwrócić go o 180 stopni. Nawet jeśli Ci się wydaje, że tkwisz w beznadziejnej sytuacji i czujesz, że lecisz w dół, pamiętaj, że jest to tylko pewien etap i wszystko się kiedyś kończy. Złe momenty również.

Jest tylko jeden sposób, aby z ponurych dni wyciągnąć wnioski i zacząć patrzeć na świat jak na miejsce pełne możliwości, ale musimy zmienić przekonania i punkty odniesienia. Rafał Mazur, autor podcastu „Zen Jaskiniowca" twierdzi, że możemy zmieniać przeszłość.

Tak, możesz zmienić swoją przeszłość. Jak? To proste!

Po prostu od tej pory postępuj tak, żeby teraźniejszość, którą kreujesz teraz, pozwoliła Ci za kilka godzin, dni, czy lat, wspominać o niej tak, jak tego w duchu pragniesz. Jeśli o dniu dzisiejszym, jutro chcesz opowiadać z entuzjazmem, radością i uśmiechem na twarzy, zrób go dzisiaj takim właśnie dniem.

Zadawaj sobie pytania, czy to, co chcesz zrobić, uszczęśliwi Ciebie i innych?

Czy jeśli czegoś nie zrobisz, to będziesz czuł frustrację?

Czy jeśli nie zmienisz w danym momencie czegokolwiek, to opowiadanie o tym wywoła szczery uśmiech na twarzach innych ludzi?

Świadomie kreuj swoje dzisiaj.

Nawet jeśli uważasz, że Twoje przekonania odnośnie postrzegania świata, pieniędzy etc. są odpowiednie, przeczytanie poniższego podrozdziału pozwoli Ci zrozumieć, dlaczego wielu ludziom w wieku dorastania, w tym mnie, wiara w siebie nie przychodzi łatwo i często trzeba pracować nad sobą latami, aby odbudować to, co zostało zniszczone w procesie indoktrynacji i negatywnego wpływu społecznego.

Rozpoznanie i zmiana przekonań

Czym są przekonania oraz jaki wpływ mają na nasze życie?

Cofnijmy się na moment do czasów dzieciństwa. Czy kiedykolwiek Twój rodzic, ciocia, dziadek, czy jakakolwiek starsza osoba, którą uznawałeś za autorytet, powiedziała Ci, abyś nie rozmawiał z nieznajomymi? Jest to jeden z wielu tekstów, które wbudowały w naszą podświadomość jakieś przekonanie. Akurat to konkretne podprogowo mówi: „Uważaj na nieznajomych, bo mogą zrobić Ci krzywdę".

Oczywiście rodzic chce dobrze, ostrzegając nas przed niebezpieczeństwem. Żaden rodzic nie chce źle dla swojego dziecka. To jednak, czy potrafi odpowiednio przygotować dziecko na potencjalne zagrożenie to zupełnie inna sprawa. W wielu przypadkach nasi opiekunowie nie potrafili nam wytłumaczyć pewnych mechanizmów, bo po prostu sami żyli w błędnych przekonaniach. Wierzyli w nie, nawet jeśli podążając nimi, Doświadczali przykrych konsekwencji. Po prostu uznali to za ogólnie przyjętą normę. Bo tak zostali wychowani. Bo przecież rodzic jest autorytetem.

Jeśli rodzic jest bardziej świadomy, to powie „bądź czujny, nawiązując kontakt z nieznajomym. Część ludzi nie ma dobrych intencji. Bądź ostrożny. Ufaj swojej intuicji i jeśli wyczujesz, że ktoś nie ma dobrych intencji, odpuść. Ja zawsze Cię wysłucham, więc jeśli pojawią się w twojej głowie wątpliwości, pamiętaj, że jestem."

Powyżej opisane przekonanie, tyczy się ludzi nieznajomych i z góry wyzwala w nas bodziec do podjęcia określonej decyzji. W tym przypadku wrogiego nastawienia do obcych ludzi.

Przekonań, które obezwładniają nas i przez to nie pozwalają podejmować słusznych w danym momencie decyzji, jest wiele. Kolejne z nich to:

· nie dasz rady,

· jesteś na to za słaby,

· nie nadajesz się do tego,

· znowu stłukłeś szklankę. Czego się nie dotkniesz, to zepsujesz,

· jeśli mi się to nie udało, to Ci też się to nie uda,

· pieniądze są złe, a bogaci ludzie to złodzieje,

· nie pracuj dla prywaciarzy, to wyzyskiwacze,

· idź do dobrej szkoły, znajdź dobrze płatną pracę. Pasja nie zarobi Ci na chleb,

· nigdy nie będziemy bogaci, bo nikt nam nie przekazał majątku. Pieniądze na drzewie nie rosną,

· łysi ludzie to skinheadzi. Skinheadzi są niebezpieczni,

· miłość nie istnieje,

· nie ufaj kobietom/mężczyznom,

· świat jest zły,

· zmiany niosą za sobą ryzyko utraty bezpieczeństwa,

· nie zasłużyłeś na to, aby być dobrze traktowany,

Jeśli kiedykolwiek słyszałeś te słowa od bliskich Ci osób, szczególnie w wieku dorastania, to z pewnością głęboko w Twojej podświadomości zakorzeniły się nawyki myślowe, które mogą blokować Cię przed podejmowaniem odpowiednich decyzji.

Jedynym sposobem, aby się z nich uwolnić i przekalibrować swoje myślenie i postrzeganie świata jest zmiana przekonań.

Jak to zrobić? Odpowiedź jest tylko jedna. Trenować. Ćwiczyć i sprawdzać swoje odczucia w chwilach podejmowania różnych decyzji. Tylko w praktyce będziesz w stanie zmienić sposób swojego myślenia.

Wypisz na kartce, wszystkie podobne teksty, które słyszałeś w przeszłości, które powstrzymują Cię przed robieniem tego, czego pragniesz.

Możesz chcieć poznać nowe osoby.

Możesz chcieć zmienić miejsce zamieszkania.

Możesz chcieć poznać miłość swojego życia.

Możesz chcieć rzucić etat i otworzyć firmę.

Możesz chcieć kupić auto z salonu.

Skoro chcesz tych rzeczy, ale nie robisz nic, aby je osiągnąć, to najprawdopodobniej przyczyna tkwi w błędnych przekonaniach.

Skoro chcesz tych rzeczy, naucz się odwracać przekonania.

Testuj na sobie nowe postanowienia. Testuj zmiany. Niejednokrotnie się sparzysz, ale dzięki temu nauczysz się podejmować właściwe decyzje, bo zdobędziesz doświadczenie. Dobre decyzje biorą się z doświadczenia, a doświadczenie bierze się ze złych decyzji. Bądź na nie gotowy i analizuj na chłodno, co jest dla Ciebie dobre, a co złe. Sam o tym zdecyduj.

Będziesz pozytywnie zaskoczony, jak szybko w Twoim życiu zaczną dziać się cuda, kiedy systematycznie będziesz testował na sobie podejmowanie odwrotnych decyzji od tych, które do tej pory były nieskuteczne. Na początku możesz mieć wrażenie, że nie jesteś sobą, że decyzje które podejmujesz, nie są tożsame z Twoim stylem, że nie pasujesz do nich. Zatrzymaj się na chwilę.

Ty nie jesteś swoimi myślami, tak samo jak nie jesteś swoimi emocjami. Twoje myśli i emocje istnieją dla Ciebie. Możesz nimi sterować, wybierając selektywnie i intencjonalnie te, których pobudzenie pozwoli Ci na wykreowanie pozytywnych wydarzeń. Pamiętasz o zmienianiu przeszłości, o której wspomnieliśmy wyżej? No właśnie.

Zanim coś powiesz, na coś zareagujesz, lub podejmiesz jakąś decyzję, daj sobie czas na przemyślenia. Wiem. Nie będzie łatwo. Sam często się na tym łapię, że nie zdążę pomyśleć, a już wypowiadam jakieś słowa czy wykonuję jakąś czynność, nierzadko pod wpływem emocji, ale jeśli nie przejmiemy kontroli nad naszymi emocjami, one przejmą kontrolę nad nami, a tego byśmy nie chcieli. Myśli to energia wytwarzająca emocje. Na ich podstawie wprowadzamy w życie czyny, które kreują naszą rzeczywistość. To jakimi punktami odniesień oraz przekonaniami się kierujemy, determinuje jakość naszych wyborów i decyzji, które w konsekwencji tworzą nasze życie.

„Nie jestem Brytyjczykiem" lub „W kraju, z którego pochodzę, kupno domu jest niemożliwe"
Ani jedna, ani druga teza, którą widzisz w cudzysłowach powyżej, nie ma znaczenia. Nic, dosłownie nic, nie stoi Ci na przeszkodzie do kupna swojego domu, poza wyjątkiem Twojej własnej czaszki, a właściwie tego, co się pod nią znajduje.

Wielka Brytania to nie Polska, ani żaden inny kraj. Mieszkasz w UK i liczy się to, jakie możliwości daje Ci ten kraj, a ma ich naprawdę dużo do zaoferowania. Znam wiele historii ludzi, którzy przyjechali do Wielkiej Brytanii nie mając grosza przy duszy, a swoją pracą, dyscypliną oraz zaangażowaniem zaszli daleko. Nie trzeba daleko sięgać.

Współautorzy tej książki, czyli Aga Moczyńska oraz Kamil Tomaszewski, również przyjechali do Wielkiej Brytanii, zaczynając tutaj od zera, a dziś posiadają nie tylko swój własny dom, ale również nieruchomości na wynajem. Takich ludzi jest cała masa. Wystarczy przyjechać na jedno ze spotkań ASBIRO Investors, projektu zainicjowanego przez Dawida Dowbusza, Inwestora posiadającego kilkadziesiąt nieruchomości, przymierzającego się również do budowy bloków mieszkalnych w Sheffield. Większość osób, które przychodzą na konferencję, ma kilka domów, część, tak jak Ty, dopiero zaczyna się przymierzać do zakupu, a jeszcze inni nie wiedzą, po co przyszli, ale wychodzą ze zmienionym paradygmatem życia.

Kredyt spłaca się sam

Uzyskanie kredytu w Wielkiej Brytanii jest znacznie prostsze niż staranie się o hipotekę w Polsce. Znam wiele osób, które boją się kupić swój pierwszy dom, dlatego że uważają, iż będą musiały już do końca życia spłacać kredyt hipoteczny, który jest tak drogi, że nie będzie ich już stać na nic więcej. Nic bardziej mylnego. Niektóre banki zezwalają na wynajem pokoi w swoim domu residential. Jeśli możesz pozwolić sobie na tymczasowy dyskomfort mieszkania z obcymi ludźmi, to czynsz płacony przez najemców może być kwotą wolną od podatku, jeśli nie przekracza 7500 funtów w skali roku. Tym samym kredyt oraz rachunki spłacają najemcy, a w Twoim portfelu zostaje więcej środków do dyspozycji. Nie wszystkie banki wyrażają jednak zgodę na to rozwiązanie, dlatego warto przedstawić zamiary brokerowi już na samym początku, aby wiedział, jak może Ci pomóc w realizacji Twojego planu poprzez znalezienie właściwego pożyczkodawcy.

Kim jest Lodger?

Lodger to po prostu osoba wynajmująca pokój w Twoim domu residential. Kupujesz dom i decydujesz się na wynajem pokoi. Przejdźmy do naszego przykładu.

Jeśli kupujesz nieruchomość za 120 tysięcy funtów, to przy wkładzie własnym 10% i oprocentowaniu około 4,5%, twoja rata kredytowa wynosić będzie około 550 funtów miesięcznie.

Jeśli kupisz dom z 3 sypialniami i możesz sobie pozwolić na dzielenie mieszkania z najemcami, to w najgorszym wypadku jeden pokój będziesz mógł wynająć za minimum 90 funtów tygodniowo, co w przeliczeniu rocznym da Ci sumę 4680 funtów, czyli 390 funtów miesięcznie. Jeśli wynajmiesz 2 pokoje, to kwota 780 funtów pokryje koszty kredytu, ubezpieczenia, a także Council Tax. W najgorszym scenariuszu zostaną Ci do uregulowania rachunki za prąd, wodę, gaz, Internet etc.

Jeśli zarabiasz na etacie 3 tysiące funtów, to poza kosztami zakupów spożywczych, domowych, utrzymania auta itd. nie będziesz posiadał żadnych kosztów związanych z nieruchomością, więc Twój wkład własny na zakup nieruchomości zwróci się w półtora roku, a w dodatku będziesz mógł oszczędzać więcej. To pozwoli Ci na szybsze zgromadzenie środków na zakup kolejnej nieruchomości na wynajem, o ile taki właśnie jest Twój plan.

Pamiętaj! Nie każdy bank akceptuje lodgersów, dlatego jeśli Twoim celem jest wynajem pokoi w domu typu residential, nie zapomnij poinformować o tym swojego brokera. Dzięki temu wybierze on dla Ciebie odpowiedni bank.

Zanim zaczniesz rozglądać się za nieruchomością, najpierw zadbaj o to, aby zbudować wiarygodność oraz zdolność kredytową. W tym celu skonsultuj się z mortgage brokerem, który pomoże Ci w całym procesie. Na podstawie informacji, które mu udzielisz, powie Ci, co powinieneś zrobić, aby w oczach banków wyglądać na osobę wiarygodną, co z kolei pozwoli Ci otrzymać pożyczkę na zakup domu.

Jeśli twoja wiarygodność będzie na dobrym poziomie, wtedy ustalicie
zdolność kredytową, odzwierciedlającą Twoje roczne dochody. Dla

przykładu, aby otrzymać pożyczkę od banku na zakup nieruchomości za 120 tysięcy funtów z 10% wkładem własnym, będziesz musiał wykazać roczne dochody w wysokości około 26 tysięcy funtów. W takim wypadku Twój depozyt będzie wynosił 12 tysięcy funtów, a bank pożyczy Ci 108 tysięcy funtów.

Podsumowanie

- Pracuj, nad swoja silą woli. Zrozum, że każdy cel da się zrealizować. Kupno domu również.
- Nie żyj przeszłością, lecz traktuj ją jak motor napędowy. Odwracaj się, aby zobaczyć, ile już przeszedłeś, wzbudzając w sobie wiarę na to, co dopiero nadejdzie. Przed Tobą spektakularna przygoda.
- Bądź otwarty na nowe znajomości. Ludzie często mawiają, że innym się udaje, bo mają kontakty. Bądź tym człowiekiem, który zna odpowiednie osoby.
- Pozbądź się ograniczających przekonań. Zlokalizuj blokady w swoim umyśle, które były Ci wszczepiane już od dziecka. Obróć je na swoją korzyść.
- Każdego dnia staraj się być lepszą wersją samego siebie. Nieustannie zadawaj sobie pytanie, czy to co robisz, przybliża Cię do celu.
- Pamiętaj, że wszyscy umrzemy, więc nie mamy nic do stracenia. Emanuj
szczęściem, entuzjazmem i czerp z życia wszystko, co najlepsze.

- ROZDZIAŁ 2 -

Zbudowanie zdolności kredytowej.

AGA MOCZYŃSKA
Broker Kredytowy

W tym rozdziale dowiesz się, czym jest Credit Score, jak zbudować zdolność kredytową od zera, co to jest DIP oraz ile bank pożyczy Ci pieniędzy na podstawie Twoich dochodów.

Konsultacja – Pierwsza rozmowa z Brokerem

W UK cały rynek finansowy podlega nadzorowi Financial Conduct Authority (FCA, to odpowiednik polskiej Komisji Nadzoru Finansowego), co sprawia, że usługi finansowe tutaj należą do jednych z najbezpieczniejszych na świecie. Każda osoba, która zajmuje się doradztwem finansowym w UK, musi być bezpośrednio lub pośrednio regulowana przez FCA i mieć odpowiednie kwalifikacje.

Kwestie dotyczące kredytów hipotecznych i doradztwa są bardzo obszerne, więc na pewno nie uda mi się zawrzeć tutaj wszystkich informacji z tej dziedziny, ale postaram się jak najbardziej przybliżyć ten temat. Ogólnie kredyty można podzielić ze względu na status kupującego i na przeznaczenie nieruchomości.

1. Status kupującego

First Time Buyer, czyli osoba, która kupuje swoją pierwszą nieruchomość (gdziekolwiek na świecie). Jeżeli jesteś takim kupującym, to po pierwsze banki mają specjalną kategorię produktów dostępną tylko dla First Time Buyers, po drugie będziesz płacić podatek od zakupu nieruchomości Stamp Duty Land Tax według preferencyjnej stawki, a po trzecie jesteś w bardzo korzystnej pozycji do natychmiastowego zakupu, ponieważ nie czekasz na sprzedaż swojej obecnej nieruchomości, czyli nie tworzysz tzw. Łańcucha sprzedaży (chain).

Niektóre banki mają trochę inną definicję First Time Buyer – czasem możesz znaleźć się w tej kategorii, jeżeli nie miałeś kredytu hipotecznego w ciągu ostatnich 12 miesięcy albo nie masz nieruchomości na terenie UK. To oznacza, że będziesz mieć dostęp do oferty kredytowej dla First Time Buyer.

Jeśli jednak chodzi o podatek Stamp Duty, będziesz traktowany jako osoba kupująca kolejną nieruchomość. Zasady dotyczące Stamp Duty są obszerniejsze i warto sprawdzić, jak będzie wyglądał ten podatek w konkretnym przypadku.

- Home mover / home owner, czyli osoba, która już ma jakąś nieruchomość w UK, albo gdzie indziej na świecie i albo sprzedaje ją i kupuje kolejną do zamieszkania dla siebie, albo dokupuje kolejną nieruchomość do swojego portfolio, z przeznaczeniem na wynajem. W tej kategorii mamy dostęp do osobnej grupy produktów kredytowych i jesteśmy inaczej traktowani, jeżeli chodzi o Stamp Duty.

Podsumowując – status First Time Buyer daje Ci największą korzyść, jeżeli chodzi o podatek Stamp Duty, natomiast nie jest tak ważny z punktu widzenia samego kredytu, ponieważ warunki dla obydwu rodzajów klienta są w bankach bardzo podobne (jeżeli nie takie same).

2. Przeznaczenie nieruchomości

Residential, czyli nieruchomość własna, w której mieszka kupujący sam lub z rodziną. Kredyt na taki zakup możesz dostać już z depozytem 5%, a jego wysokość (Twoja zdolność kredytowa) będzie zależała od Twoich dochodów i zobowiązań. W przypadku tego kredytu przy każdej racie spłacasz i kapitał i odsetki, czyli masz gwarancję, że na koniec okresu kredytowania Twoje zobowiązanie będzie całkowicie spłacone.

Buy to Let, czyli nieruchomość, którą kupujesz po to, żeby ją wynajmować. Najpowszechniejszy jest wynajem dla rodzin, ale są też bardziej zaawansowane rodzaje wynajmu – na przykład na pokoje lub wynajem krótkoterminowy. Na zakup nieruchomości pod wynajem potrzebujemy co najmniej 20% depozytu, ale optymalnie powinieneś mieć 25%, przy czym zdolność kredytowa będzie zależała od wysokości czynszu, jaki będziesz uzyskiwać z wynajmu. Przy tym kredycie możesz spłacać same odsetki, co daje Ci większy miesięczny zysk z czynszu do dyspozycji, ale oznacza to też, że kwota kredytu cały czas pozostaje taka sama.

Gdzie pójść po kredyt?

Mamy do dyspozycji tak naprawdę trzy opcje: można pójść do własnego banku, sprawdzać samemu kilka różnych banków lub skorzystać z porady wykwalifikowanego, autoryzowanego przez FCA brokera.

Pierwsza opcja wydaje się dziś najmniej korzystna. Panuje przeświadczenie, że Twój własny bank będzie miał dla Ciebie specjalne, lepsze warunki, albo potraktuje nas preferencyjnie, ponieważ od wielu lat masz tam konto bankowe. W rzeczywistości tylko niektóre banki mają specjalne oferty dla swoich istniejących klientów, a i tak często to właśnie w innym banku byłbyś w stanie otrzymać korzystniejszy kredyt. Dlatego warto sprawdzać wszystkie opcje, a nie zawężać poszukiwania jedynie do własnego banku.

Druga opcja, czyli szukanie kredytu na własną rękę ma pewne plusy – przeważnie pozwoli Ci początkowo zaoszczędzić to, co musiałbyś zapłacić brokerowi za poprowadzenie Twojej transakcji, ale w dłuższej perspektywie może się okazać, że dzięki współpracy z brokerem zaoszczędzisz nie tylko czas i pieniądze, ale także będziesz miał nieocenione wsparcie podczas całej transakcji.

Żeby zobrazować, jak duży wybór kredytów jest na rynku, wystarczy uświadomić sobie, że broker, który ma dostęp do całego rynku kredytów ma do wyboru ponad 1,000 różnych ofert dla klienta, który kupuje nieruchomość dla siebie z 20% depozytem. Im większy depozyt tym szersze spektrum banków, chętnych udzielić pożyczkę.

BROKER – co w zasadzie robi i jaka jest jego rola?

Broker kredytowy to w Wielkiej Brytanii jeden z zawodów wysokiego zaufania, który jest ściśle regulowany przez Financial Conduct Athority. Nikt, kto nie ma uprawnień i nie znajduje się imiennie na rejestrze FCA, nie może doradzać w kwestii kredytów hipotecznych.

Rola brokera może częściowo zależeć od indywidualnego podejścia do pracy osoby wykonującej ten zawód i może ograniczać się do przeprowadzenia konsultacji, złożenia aplikacji i prowadzenia jej do momentu uzyskania oferty kredytu (Mortgage Offer). Podstawową rolą brokera jest analiza Twojej sytuacji i wybór najlepszego kredytu, który nie tylko jest najtańszy, ale też spełnia Twoje oczekiwania. Ponadto musi to być też kredyt dostępny dla osób z Twoją sytuacją życiową. Na rynku jest mnóstwo rozwiązań i prawie dla każdego znajdzie się jakaś opcja – dla osób zatrudnionych i właścicieli biznesu, dla singli, rodzin i osób samotnie wychowujących dzieci, dla tych, którzy pracują przez agencję i dla tych, których głównym źródłem dochodu są zasiłki. Warto też podkreślić, że broker prowadzi w Twoim imieniu cały kontakt z bankiem, więc Ty, jako klient, nie musisz sam odpowiadać na korespondencję czy zapytania banku – to wszystko zrobi za Ciebie broker.

Są też brokerzy i firmy brokerskie, które prowadzą klienta przez cały proces zakupu lub refinansowania nieruchomości, aż do finalizacji i w takim przypadku masz ten komfort, że ktoś będzie Ci służył radą i wsparciem nawet po otrzymaniu oferty kredytu. Jeżeli korzystasz z pomocy brokera, który jest częścią większej firmy, to nawet jeżeli Twój broker wybierze się na urlop (tak też się może zdarzyć), to zawsze będziesz mieć kontakt z działem administracyjnym, który dopilnuje, aby Twoja sprawa szła do przodu bez niepotrzebnych przestojów.

Czym się kierować w wyborze brokera?

Zdecydowanie doświadczeniem, reputacją, rekomendacjami i zaufaniem, jakie w Tobie wzbudza po pierwszej rozmowie. Najważniejsze jest to, abyś współpracował z osobą lub firmą, której ze spokojem będziesz mógł powierzyć informacje o swoich finansach i sytuacji osobistej. Warto mądrze wybrać, kto ma być Twoim reprezentantem w tym jakże ważnym momencie.

Jak zwiększyć Credit Score?

Credit score jest wyznacznikiem Twojej wiarygodności kredytowej i bardzo ważnym czynnikiem w aplikacji o kredyt. Słaby credit score może oznaczać, że nie dostaniesz kredytu nawet pomimo bardzo wysokich zarobków. Jak zadbać o swój credit score i co go podnosi? Po pierwsze, trzeba pamiętać, że Credit score nie poprawia się z dnia na dzień i każda pozytywna zmiana będzie przynosić efekty dopiero po kilku miesiącach.

To, co zdecydowanie podniesie Twój credit score, to:

· rejestracja do głosowania (tzw. electoral roll): należy się nie tylko zarejestrować, ale również pamiętać o zmianie adresu przy każdej przeprowadzce. Nie trzeba głosować, wystarczy sama rejestracja,

· płacenie rachunków za media i telefon za pomocą Direct Debit, przepisanie niektórych rachunków na siebie, jeżeli masz słabą historię kredytową. Na raporcie nie widać opłat z tytułu Council Tax, więc akurat te opłaty nie mają wpływu na Twój raport,

· spłacone pożyczki i w terminie spłacane karty kredytowe, ale pod warunkiem, że pożyczki nie są zbyt wysokie, a karta jest wykorzystana w rozsądnej proporcji dostępnego limitu (np. 25%).

Można w niektórych przypadkach zaaplikować o kartę kredytową lub niewielką pożyczkę, żeby podnieść swój credit score, ale zawsze warto się przed tym poradzić dobrego brokera i mieć na uwadze, że pozytywny efekt zobaczysz dopiero po kilku miesiącach.

Negatywne dla Credit score są:

· wysoko zadłużone karty kredytowe,

· wysokie pożyczki,

· duża ilość kart kredytowych i pożyczek,

spóźnione płatności,

· zaległości w spłatach,

· nieuregulowane należności (ang. defaults),

· sądowe nakazy zapłaty (tzw. CCJ – County Court Judgement),

· formalne ugody z wierzycielami (IVA lub DMP – Individual Voluntary

Arrangement lub Debt,Management Plan)

· bankructwo.

Wszystkie informacje finansowe są przechowywane na Twoim raporcie przez co najmniej 6 lat, więc warto dopilnować, aby był on dobrą wizytówką Twojej wiarygodności!

Uwaga MIT – sprawdzanie swojego credit score pogarsza go. Nieprawda. Osłabić Twój Credit score może sprawdzanie Ciebie przez inne instytucje – na przykład przy korzystaniu ze stron do porównywania ubezpieczeń albo aplikowanie o pożyczki czy zakupy na raty, natomiast w żaden sposób nie osłabi Twojego raportu sprawdzanie go samemu.

Jak zbudować zdolność kredytową od zera?
Zdolność kredytowa określa to, ile maksymalnie możesz otrzymać kredytu hipotecznego. Jeżeli myślisz o kupnie domu do zamieszkania dla siebie, to zdolność będzie wynikała z wysokości Twoich dochodów w połączeniu ze zobowiązaniami.
Jakie dochody można brać pod uwagę?
· wynagrodzenie brutto z pracy na etacie (umowy na stałe, praca agencyjna, kontrakty zero godzin i na czas określony),
· dodatki do wynagrodzenia, takie jak nadgodziny i bonusy,
· alimenty, jeżeli je otrzymujesz,
· większość zasiłków,
· w przypadku osób prowadzących własną działalność:
· dochód z działalności, po kosztach, ale przez podatkiem, za ostatni

zakończony rok podatkowy

· jeżeli prowadzisz własną firmę Limited,

· zysk firmy przed podatkiem albo wypłatę dyrektorską plus dywidendy, również za ostatni zakończony rok podatkowy.

W tych dwóch przypadkach, musisz mieć zamknięty przynajmniej jeden rok działalności, ale najlepiej, jeżeli są to dwa lata. Dochód powinien rosnąć z roku na rok.

Banki mają różne kryteria i nie każdy z nich zaakceptuje Twoje konkretne źródło lub strukturę dochodów, ale dla większości przypadków istnieje na tym różnorodnym rynku jakieś rozwiązanie, więc bardzo istotne jest zasięgnięcie fachowej porady, zanim stwierdzisz, że nie masz możliwości wzięcia kredytu.

Co zmniejsza Twoją zdolność kredytową?
· osoby na utrzymaniu (dzieci, niepracujący partner),
· zobowiązania (wykorzystany limit na karcie kredytowej, raty pożyczek osobistych, leasingi),
· alimenty, jeżeli to Ty je płacisz.

Uwaga MIT – jeżeli jeden z małżonków/partnerów ma niskie dochody, to kredyt należy wziąć kredyt tylko na drugiego. **Nieprawda.**

Takie rozwiązanie jest konieczne tylko czasami i zawsze powinno być bardzo dobrze przemyślane. Najbardziej dotkliwe konsekwencje źle podjętej decyzji pojawiają się w razie śmierci partnera, który jako jedyny widnieje na kredycie, ponieważ druga z osób nie może po prostu kontynuować spłacania rat. Takie sytuacje też niestety trzeba mieć na uwadze, kupując wspólną nieruchomość.

Decision in Principle, czyli wstępna decyzja kredytowa – czy bank jest skłonny udzielić mi kredytu?

Jeden z najważniejszych i najbardziej ekscytujących momentów w procesie zakupu następuje wtedy, gdy dowiadujemy się, jak system „scoringowy" banku ocenia Ciebie jako klienta. Jeżeli wstępna decyzja jest pomyślna, to otrzymasz certyfikat DIP, który jest ważny od 1 do 3 miesięcy – w zależności od banku. Są również takie banki, które nie praktykują wystawiania certyfikatu i w takich przypadkach będzie musiało Ci wystarczyć potwierdzenie od brokera.

Kiedy należy zrobić DIP?

Ponieważ jest to najmniej przewidywalny etap procesu zakupu, stanowczo zalecam zrobienie wstępnej aplikacji przed rozpoczęciem poszukiwań nieruchomości. Dzięki temu będziesz miał dużą pewność, że uzyskasz kredyt i jesteś w bardzo dobrej pozycji jako potencjalny kupiec, ponieważ kontaktujesz się z agencją przygotowany i uzbrojony w DIP, dane swojego brokera i prawnika – taki klient to skarb, bo wiadomo, że jest gotowy do działania, jak tylko jego oferta zostanie zaakceptowana.

Co jest potrzebne do wygenerowania DIP-a?

· Konsultacja z brokerem, podczas której omówisz szczegółowo swoją sytuację i plany,

· widełki cenowe, w jakich chcesz nabyć nieruchomość – będziesz to ustalać podczas pierwszej konsultacji z brokerem, kiedy to omówisz swój budżet i zdolność kredytową,

· podstawowy zestaw dokumentów:

 o potwierdzenie tożsamości (np. paszport, prawo jazdy),

 o potwierdzenie adresu (aktualny rachunek za media),

 o potwierdzenie dochodów,

 o wyciągi bankowe,

 o potwierdzenie depozytu (w niektórych przypadkach może być dostarczone później).

Czy po wygaśnięciu DIP-a należy aplikować o nowy?

Nie, jeden DIP jest potwierdzeniem tego, że jesteś dla danego banku akceptowalnym klientem i że jest skłonny udzielić nam kredytu. Jeżeli nie zdążysz znaleźć nieruchomości, zanim wstępna decyzja wygaśnie, to najlepiej posługiwać się tym samym certyfikatem i wyjaśniać agencjom, że DIP zostanie nie zaktualizowany przez brokera w momencie, kiedy Twoja oferta zostanie zaakceptowana. W międzyczasie pilnuj, żeby wszystkie Twoje płatności były regulowane na czas i nie zaciągasz nowych zobowiązań (karty kredytowe, pożyczki), żeby nasza zdolność kredytowa i wiarygodność była tak samo dobra, albo lepsza niż w momencie pierwszej aplikacji o DIP.

Uwaga MIT!

Warto zrobić sobie DIP we własnym banku lub online, zanim skontaktujemy się z brokerem. Zdecydowanie odradzam takie podejście, ponieważ jest wiele banków, które w momencie rozpatrywania DIP-a zostawiają na raporcie kredytowym tzw. „hard search". Jeżeli Twój raport kredytowy nie jest wystarczająco mocny, to niepotrzebny „search" może Ci utrudnić późniejszą pełną aplikację kredytową. Poza tym należy wiedzieć, jakie dane wprowadzać w system bankowy i jak je zaprezentować, żeby osiągnąć jak najlepszy rezultat – na przykład, jeżeli chodzi o dochody. Kiedy doświadczony broker aplikuje dla Ciebie o wstępną decyzję kredytową, wie jak zaprezentować Twój dochód, żeby uzyskać jak najlepszy efekt i wybiera bank, do którego z dużym prawdopodobieństwem będzie składać pełną aplikację kredytową, jak już znajdziesz dla siebie nieruchomość.

Podsumowanie

- Znajdź odpowiedniego Brokera. Zrób research wśród znajomych, którzy kupili już swoje domy. Jeśli nie masz takich osób w swoim otoczeniu, poszukaj lokalnych spotkań, podczas których rozmawia się o nieruchomościach. Tam poznasz ekspertów.
- Popracuj nad swoim Credit Score. Wykorzystaj porady Agi Moczyńskiej, aby zbudować silną wiarygodność kredytową.
- Zbuduj zdolność kredytową.
- Zamów Decision in Principle. Pomoże Ci to sprawdzić kwotę, do jakiej bank użyczy Ci pieniędzy na zakup domu.

- ROZDZIAŁ 3 -

Ustalenie budżetu oraz typu nieruchomości.

W poprzednim rozdziale Aga Moczyńska opisała w szczegółach czym, jest twoja zdolność kredytowa i jak ją zbudować. Przystąpmy zatem do planowania budżetu. Każda osoba ma swoje własne oczekiwania względem zakupu. Niektórzy będą szukać domu do wprowadzenia, a inni będą chcieli skupić się na dodaniu wartości poprzez remont. Domy zniszczone, wymagające remontu są o tyle wdzięczne, że łatwiej negocjować ich cenę, przez co w przyszłości będziesz w stanie wyciągnąć więcej kapitału z remortgage i reinwestować w zakup kolejnego domu, już z celem inwestycyjnym.

Określ status gotowości do zakupu i dopracuj swój budżet

Konsultacja z Brokerem, pozwoliła Ci zrozumieć swoją obecną sytuację pod kątem uzyskania pożyczki na zakup nieruchomości. Jesteś w doskonałej pozycji, jeśli:

· mieszkasz w UK 5 lat i posiadasz status Settlement,

· jesteś zarejestrowany do głosowania na swoim obecnym adresie (Electoral Roll),

· posiadasz kartę kredytową, którą regularnie spłacasz, nie wykorzystując więcej niż 25% jej pojemności,

· kupiłeś i spłaciłeś jakiś przedmiot, sprzęt na raty,

· płacisz rachunki i/lub Council Tax,

· regularnie, co miesiąc otrzymujesz wynagrodzenie z tytułu umowy o pracę lub posiadasz firmę minimum 2 lata, w której jesteś zatrudniony,

· nie posiadasz żadnych zadłużeń i wszystkie swoje zobowiązania spłacałeś regularnie,

· nie miałeś historii kryminalnej i nie zostałeś ukarany sądownie,

· zarabiasz minimum 25 tysięcy funtów rocznie,

· zgromadzony na koncie kapitał umożliwia Ci zakup nieruchomości, a ponadto posiadasz nadwyżkę finansową, która stanowić będzie twoją poduszkę bezpieczeństwa.

Jeśli spełniasz wszystkie z powyższych punktów, z pewnością broker powie Ci, że jesteś już gotów do zakupu swojego pierwszego domu. Jeśli jednak któryś z punktów nie pokrywa się z tym, jak wygląda Twoja obecna sytuacja, poproś brokera, aby pomógł Ci ustalić, na jakich czynnościach powinieneś się skupić, aby doprowadzić swoje sprawy do porządku.

Możesz mieszkać w UK krócej niż 5 lat.

Nie martw się. Na moim zegarze pobytu w UK wybijało 4,5 roku, kiedy odbierałem klucze do swojej pierwszej nieruchomości. Po prostu mogą pojawić się banki, które będą wymagały pełnego statusu settlement, natomiast posiadanie statusu pre-settled również daje Ci możliwość zakupu domu.

Możesz nie mieć żadnej historii kredytowej.

W takim wypadku, polecam udać się do jakiegokolwiek sklepu, w którym można kupić coś na raty. Zobacz, czego może Ci brakować, a co mogłoby Ci się przydać w domu. Może to być drukarka, nowy odkurzacz, rower stacjonarny, czy laptop. Jeśli kupisz przedmiot na raty i będziesz go regularnie spłacał, na twoim raporcie kredytowym (Experian, Checkmyfile etc.), będzie widniała informacja dla banku, że jesteś osobą wiarygodną, ponieważ spłacasz swoje zobowiązania.

Ponadto polecam rozważenie karty kredytowej. Na rynku jest wiele firm, które oferują „Credit Cards". Aby wybrać najdogodniejszą dla siebie opcję, polecam odwiedzić strony: www.moneysupermarket.com lub www.money.co.uk.

Ja posiadam kartę kredytową z Capital One, ale na rynku jest masa różnych firm, dlatego na pewno znajdziesz dla siebie najdogodniejszą opcję. Możesz mieć stare, niezapłacone długi, mandaty etc. Jeśli na Twoim raporcie widnieją ślady niewypłacalności i broker oznajmi Ci, że w takim wypadku żaden bank nie udzieli Ci pożyczki, poproś go o plan wyjścia z tej sytuacji.

Zapytaj, jakie kroki możesz podjąć i w jakiej kolejności musisz je wykonać, aby twój raport kredytowy był czysty. Dowiedz się również, ile to może potrwać, aby wiedzieć jak długo będziesz musiał zwlekać z szukaniem nieruchomości.

Możesz nie posiadać wystarczającej ilości pieniędzy. Wobec tego przygotowałem dla Ciebie sposób na to, jak możesz popracować nad swoim budżetem. Wypisz na kartce wszystkie miesięczne wydatki, a obok kwotę, jaką zarabiasz.

Poniżej przedstawiam przykładowy koszyk wydatków:

· wynajem domu - £650,

· Council Tax i Rachunki - £250,

· zakupy spożywcze - £200,

· zakupy do higieny i utrzymania domu - £50,

· ubezpieczenie na życie - £40,

· ubezpieczenie auta - £100,

· paliwo - £200,

· utrzymanie auta - £50,

· McDonalds - £50,

· wyjazd na wakacje - £300,

· alkohol - £100,

· słodycze - £50,

· rozrywka (Kino, Teatr, Kręgle, Gokarty, Imprezy, Restauracje etc.) - £200,

· jedzenie na dowóz - £100,

· zakupy na Amazonie/Ebay – £150,

· zachcianki (Biżuteria, Netflix, Gra na Playstation, Nowa gitara etc.) – £150,

Suma miesięcznych kosztów życia – £2640.

Miesięczny przychód - £3000.

Skreśl wszystkie zbędne koszty, które generujesz, które bezpowrotnie wyciągają Ci pieniądze z portfela. Bądź uczciwy sam ze sobą. Jeśli Twoim celem numer jeden jest jak najszybszy zakup nieruchomości, skreślisz wszystko poniżej „utrzymanie auta". Rozważ nawet sprzedaż auta i pomyśl o tym, aby przesiąść się na tańszy rodzaj transportu. Dzięki temu będziesz mógł zaoszczędzić miesięcznie dodatkowe 1100 funtów lub więcej. W skali miesiąca na twoim koncie będzie zostawało 1460 funtów. W skali roku, daje to sumę oszczędności na poziomie 17 520 funtów.

17 520 funtów, to kwota, która wystarczy Ci na zakup domu za 120 tysięcy funtów z 10% depozytem, do odświeżenia (odmalowanie ścian, położenie nowych dywanów) oraz umeblowanie i wyposażenie domu w niezbędne sprzęty, takie jak lodówka, pralka, zmywarka, odkurzacz itd.

· Depozyt 10% z 120 000 – £12 000,

· prawnik & Broker – £2000,

· stamp Duty (First Time Buyer) – £0,

· remont – £1000,

· wyposażenie nieruchomości - £2500.

Całkowity koszt inwestycji – £17 500

Jak widzisz, wystarczy, że zrezygnujesz na rok ze wszystkich zbędnych kosztów, które generujesz poprzez swoje codzienne wybory, a będziesz mógł kupić swój pierwszy wymarzony dom. Wybór należy do Ciebie.

Oprócz tego będziesz zdrowszy. Odstawisz alkohol, słodycze, zbędne wydatki, przestaniesz spędzać czas na kanapie przed konsolą. W zamian za to kup karnet na siłownię i zacznij się ruszać. W sklepie wybieraj produkty świadomie i zacznij się zdrowiej odżywiać. Twój organizm i mózg podziękują Ci za nowe, lepsze wybory.

Określ rodzaj nieruchomości

Gratulacje!

Masz już wszystko, czego potrzebujesz, aby zacząć szukać swojego pierwszego domu. Twój raport kredytowy jest czysty, wykazujesz wiarygodność kredytową. Posiadasz zatrudnienie, które pozwala Ci gromadzić przychody, dzięki którym Twoja zdolność kredytowa jest na odpowiednim poziomie i po konsultacji z Mortgage Brokerem, jesteś świadomy, do jakiej kwoty bank udzieli Ci pożyczki na zakup domu. Zgromadziłeś również wystarczającą ilość pieniędzy na pokrycie kosztów zakupu.

Kolejnym krokiem jest precyzyjne ustalenie nieruchomości, na jaką będziesz mógł sobie pozwolić. Ten krok pomoże również zaznaczyć odpowiednie filtry na etapie szukania nieruchomości w przeglądarkach. Teraz tylko ustalimy jaka nieruchomość będzie dla ciebie odpowiednia na podstawie tego, co chcesz zrobić. Wszystkie strategie szukania oraz analizowania rynku omówimy precyzyjnie w późniejszych rozdziałach.

Musisz zadać sobie kilka pytań:

· Czy dom, który kupię, będę zamieszkiwał sam, czy pokoje podnajmę logersom?

· Ile sypialni musi znajdować się w nieruchomości?

· Jak dużo pieniędzy chcę przeznaczyć na depozyt?

· Jak duży remont chcę przeprowadzić/Ile pieniędzy chcę wydać na remont?

· Które lokalizację chcę wykluczyć?

· Jaka może być maksymalna cena zakupowa nieruchomości?

Powyższe pytania pozwolą Ci na przesianie nieruchomości i odrzucenie wszystkich tych, które nie wpisują się w Twoje kryteria. Jeśli szukasz nieruchomości, którą będziesz mógł wynająć lodgersom, musisz pamiętać, aby lokalizacja sprzyjała najmowi na pokoje.

W kuchni francuskiej zadaje się często pytanie: „Jakie są trzy najważniejsze składniki?". Odpowiedź brzmi: „masło, masło i masło".

Podobnie jest w nieruchomościach.

Rzecz jasna, masło nie jest najważniejsze.

W nieruchomościach trzy najważniejsze czynniki decydujące o dobrym zakupie, to: lokalizacja, lokalizacja i lokalizacja. Kupując nieruchomość, musisz mieć pewność, że zlokalizowana jest ona w dobrej okolicy. Jak to sprawdzić? Opisze to w rozdziale numer 5, ale w ujęciu ogólnym okolica musi być w pobliżu miejsc pracy, sklepów, szkół oraz transportu publicznego. Ponadto niski wskaźnik crime rate, bliskość udogodnień, lokali usługowych itd.

To, jak kupisz swoją pierwszą nieruchomość, determinować będzie twoją drogę do zakupu kolejnych domów, bo dobra lokalizacja, równa się szybszy wzrost wartości nieruchomości, niż zakup w średniej lub słabej dzielnicy, a to sprawi, że robiąc w przyszłości remortgage, po prostu wyciągniesz więcej kapitału, który będziesz mógł wykorzystać do zakupu następnym domów.

Mając ustalone kryteria, możesz wejść na stronę www.rightmove.co.uk lub www.zoopla.co.uk, wybrać filtry i sprawdzić, czy w twoich lokalizacjach, znajdują się domy, które mogą cię potencjalnie interesować. Jeśli tak, Bingo! Mamy to! Będziesz mógł rozpocząć szukanie. Jeśli nie, nic nie szkodzi. Po prostu będziesz musiał albo dozbierać pieniędzy, albo zmniejszyć rozmiar domu, albo zwiększyć depozyt etc.

Kolejnym krokiem, przed rozpoczęciem szukania, jest zbudowanie poduszki bezpieczeństwa.

Stwórz poduszkę bezpieczeństwa

Kupno domu to finansowo absorbująca decyzja. Nierzadko zdarza się, że budżet, jaki ustaliliśmy początkowo na zakup nieruchomości okazuje się zbyt mały. Dzieje się tak, ponieważ nie jesteśmy w stanie sprawdzić wszystkiego podczas oględzin.

Ze względu na to, że zakup nieruchomości w UK trwa od 3 do 6 miesięcy, nieruchomość najczęściej w tym czasie stoi pusta i nieogrzewana. Mogą zatem pojawić się nieprzewidziane wydatki. Wielka Brytania to kraj, w którym deszcz pada stosunkowo często.

Jeśli kupując dom niezamieszkany, okaże się, że dach przecieka, po odbiorze kluczy możesz mieć niemiłą niespodziankę związaną z wilgocią i grzybem. Koszt usunięcia grzyba będzie się różnił od obszaru wilgoci. Może to być 500 funtów, a może być 3000 funtów, lub więcej. Poza tym po oględzinach nie ma gwarancji, w jakim stanie jest instalacja elektryczna, hydrauliczna, chyba że otrzymasz certyfikaty i potwierdzenia od sprzedającego. Nie dowiesz się, czy pod dywanami deski są suche, czy będą wymagały wymiany.

W dużym skrócie, w nieruchomości jest wiele zmiennych, które nigdy nie dadzą Ci gwarancji tego, że budżet na zakup nie będzie wymagał aktualizacji. Wobec tego mądrym posunięciem jest zbudowanie odpowiedniej poduszki finansowej, czyli takiej, która będzie przekraczała co najmniej 25% całkowitego kapitału włożonego w zakup.

Wróćmy do naszego przykładu nieruchomości.

Jeśli na pokrycie całej inwestycji będziesz potrzebował 17 500 funtów, upewnij się, że na Twoim koncie znajduje się minimum 4 375 funtów. Taka kwota pozwoli Ci na pokrycie ewentualnych kosztów dodatkowych, ale bez zaburzania płynności finansowej. Zadbaj o to, aby poziom stresu w wyniku zakupu nieruchomość był minimalny. Ma to być przyjemność, a nie problem. Lepiej poczekać miesiąc dłużej, ale mieć gwarancję, że żaden dodatkowy koszt nie wypłucze Twojego konta do zera. Pośpiech prawie nigdy nie jest wskazany, chyba że założyłeś się z kumplem na gruby hajs o to, kto pierwszy zje 10 hamburgerów. Wtedy może i warto się pospieszyć i przy okazji zgarnąć dodatkowe pieniądze do poduszki finansowej.

Aby nadać sytuacji dramaturgii, wyobraź sobie moment, w którym odbierasz klucze do nieruchomości, otwierasz drzwi, wchodzisz, rozglądasz się po całym domu, zapraszasz znajomego budowlańca, aby rzucił okiem i okazuje się, że piekarnik nie działa, panele podłogowe w salonie są popękane, okno na piętrze jest pęknięte, skrzynka elektryczna musi być wymieniona na nową, a z grzejnika kapała woda i nie dość, że trzeba wymienić grzejnik, to w dodatku drewno pod dywanami w sypialni jest spróchniałe. Cały koszt inwestycji z kwoty 17 500 rośnie do sumę 21 400. Czy taka sytuacja jest optymistyczna? No właśnie.

Bądź pewien, że jesteś gotowy na zakup domu.

Jeśli w dodatku nie jesteś singlem i masz rodzinę na utrzymaniu, pamiętaj, że im solidniejsza poduszka finansowa, tym większe bezpieczeństwo finansowe zapewniasz sobie i swoim bliskim. Zdaj sobie sprawę, że stanowisz gałąź, na której siedzą Twoi bliscy. Chyba nie chciałbyś, aby zarwała się i spadła z hukiem na glebę. Chciej kupić dom, nie obawiaj się tego kroku, ale bezpieczeństwo postaw na pierwszym miejscu.

Podsumowanie

- Stwórz budżet domowy i ogranicz wydatki. Wyeliminuj zbędne koszty, które obniżają pułap Twoich oszczędności. Wydawaj tylko na niezbędne rzeczy.

- Określ rodzaj nieruchomości na podstawie budżetu, wstępnej zdolności kredytowej oraz Twoich indywidualnych potrzeb.

- Zbuduj poduszkę finansową, aby być gotowym na nieprzewidziane wydatki. Nie porywaj się z motyką na słońce. Zadbaj o fundament.

- ROZDZIAŁ 4 -

Wyszukanie nieruchomości.

W poprzednim rozdziale ustaliłeś budżet potrzebny do zakupu swojego domu oraz stworzyłeś plan, który pozwoli Ci na zbudowanie solidnej poduszki finansowej.

Kolejnym krokiem jest ponowna konsultacja z Brokerem i ustalenie płapu do jakiego możesz otrzymać kredyt poprzez uzyskanie dokumentu poświadczającego Twoją zdolność kredytową, czyli Decision in Principle.

Kiedy już otrzymasz ów dokument, będziesz pewien swoich możliwości kredytowych. Broker wybierze alternatywny bank, który wystawi Ci DIP-a, ale nie znaczy to, że ten konkretny bank będzie udzielał Ci kredytu. DIP służy głównie jako potwierdzenie u agentów nieruchomości, Twojej gotowości do zakupu. Po znalezieniu domu, wynegocjowaniu ceny i zaakceptowaniu oferty Mortgage Broker złoży aplikację o kredyt i dopiero wtedy będziesz wiedział, który bank został dla Ciebie wybrany. Zadaniem Mortgage Brokera jest wybranie najlepszej oferty pasującej do Twojej sytuacji. Oczywiście, zanim aplikacja zostanie wysłana, będziesz musiał dać zielone światło, zgadzając się na warunki jakie proponuje Ci bank znaleziony przez Twojego brokera.

Wróćmy jednak do momentu, w którym otrzymałeś Decision in Principle. Jesteś już gotów, aby rozpocząć polowanie na nieruchomość. Ruszamy. W Wielkiej Brytanii branża pośrednictwa w sprzedaży nieruchomości, czyli Estate Agency, jest mocno rozwinięta. Ponad 95% nieruchomości sprzedawana jest za pośrednictwem agencji i na szukaniu za pośrednictwem agencji skupimy się najbardziej. Rzecz jasna, warto również zaangażować działania „off market", czyli szukanie domów poza agencjami. Metod szukania „off market" też jest mnóstwo.

Szukanie nieruchomości za pośrednictwem agencji

Jak już wspomniałem wcześniej, agencje nieruchomości pokrywają lwią część rynku. Jest wiele platform, na których agenci ogłaszają nieruchomości, a najbardziej popularne z nich to:

· Rightmove,

· Zoopla,

· On The Market.

Według platformy IBISworld, w Wielkiej Brytanii w roku 2023 funkcjonuje ponad 22 000 Agencji Nieruchomości. Oczywiście wśród nich znajdują się molochy – wielkie agencje działające od lat, mające swoje oddziały w całym UK, oraz małe rodzinne interesy. Największe z nich to m.in.: Connells, Your Move, Countrywide, William H. Brown, Haart, Reed Rains etc.

Są też agencje, które działają tylko online, jak Purple Bricks, Strike, Yopa. Każda z wyżej wymienionych agencji, umieszcza ogłoszenia na platformach Rightmove i Zoopla. W książce skupimy się na tej pierwszej, aby pokazać krok po kroku, jak skutecznie wyszukać nieruchomość spełniającą wszystkie Twoje kryteria -zarówno te cenowe, lokalizacyjne, ale także pod względem zabudowy i ilości pokoi.

Gotów?

No to zaczynajmy!

Otwórz swoją przeglądarkę i w wyszukiwarce wpisz www.rightmove.co
.uk. Pojawi się okno główne platformy. Pierwszym krokiem, jaki zrobimy, będzie założenie konta. Pozwoli Ci to między innymi sprawniej wy-
szukiwać nieruchomości, dzięki możliwości narysowania obszaru, który
cię interesuje. Dzięki temu nie będziesz tracił czasu na przeglądanie domów spoza naszego kryterium lokalizacyjnego. Założenie konta jest
bardzo proste.

Wystarczy kliknąć „sign in" w prawym górnym rogu okna, a następnie podać poniższe dane: Imię i nazwisko; postcode; adres mailowy
oraz hasło. Następnie otrzymasz e-mail z linkiem potwierdzającym re-
jestrację. Przechodzisz zatem do skrzynki mailowej, klikasz link i możesz rozpocząć sprawne poruszanie się po platformie.

Zanim rozpoczniesz szukanie, zalecam zainstalowanie rozszerzeń, które
pozwolą na uzyskanie większej ilości przydatnych informacji, wyświe-
tlających się na Rightmove. W związku z tym, że wtyczki pochodzą
z przeglądarki Chrome, na tej właśnie przeglądarce zaleca się szukanie
nieruchomości.

Property Log; Property Tracker; Property Prices oraz Property Inve-
stigation Tools (PaTMa).

Dzięki rozszerzeniom będziesz widział, między innymi, zmieniające się
ceny nieruchomości, co pozwoli w późniejszym etapie usprawnić negocjacje z Agentem.

Aby zainstalować wtyczki, należy przejść do „Chrome Webstore".
Link: https://chrome.google.com/webstore

Następnie w wyszukiwarce wpisać nazwę wtyczki. Po zainstalowaniu wszystkich wtyczek i upewnieniu się, że są aktywne, możesz rozpocząć szukanie nieruchomości.

Przejdź zatem ponownie na platformę Rightmove – My Rightmove (prawy górny róg) – View My Rightmove, a następnie u dołu strony, znajdujesz zakładkę Drawn Areas, w której będziesz mógł narysować mapkę lokalizacji, która Cię interesuje.

Kiedy narysujesz już obszar, możesz go zapisać, dzięki czemu nie będziesz musiał powtarzać tej czynności za każdym razem, gdy odwiedzisz stronę.

Kolejnym krokiem jest wprowadzenie kryteriów nieruchomości, jaka Cię interesuje.

Jeśli Twoja zdolność kredytowa pozwala Ci na zakup nieruchomości do kwoty 150 tysięcy funtów, ale zależy Ci na zakupie nieruchomości do remontu, by podnieść jej wartość, aby móc w przyszłości zrobić remortgage i wyciągnąć kapitał, który będziesz mógł wykorzystać do zakupu kolejnego domu, polecam szukać domów do 180 tysięcy, a nawet wyżej.

Kwotę zakupu nieruchomości do remontu łatwiej się negocjuje, a dzięki technikom negocjacyjnych, które poznasz w rozdziale numer 7, będziesz wiedział, w jaki sposób przekonać do siebie Agenta bądź właściciela nieruchomości. Po wprowadzeniu danych przejdź do listy domów i rozpocznij przeglądanie ofert.

Nieruchomości, które Cię interesują najlepiej otwierać w nowych kartach, wtedy będzie Ci łatwiej porównywać je między sobą oraz dzwonić do agencji w celu umówienia wizyty.

Istnieje kilka ważnych punktów, na które musisz zwrócić uwagę przy kupowaniu nieruchomości. Część z nich jest wyszczególniona w opisie nieruchomości, natomiast o brakujące elementy musisz upomnieć się podczas rozmowy ze sprzedającym.

Zwróć uwagę na poniższe punkty i zweryfikuj je z Agentem lub właścicielem, aby uniknąć błędów już na samym początku. Jeśli tego nie zrobisz, możesz się narazić na zakup domu, który przyniesie Ci więcej strat niż korzyści. Istotne są:

· Własność ziemi (Tenure) – Leasehold/Freehold

· Rodzaj konstrukcji (Construction Type) – Standard Cavity Wall, Solid

Brick, Steel Frame, Prefabricated, Wooden Frame etc. Tylko dwie pierwsze są kredytowalne i takich szukaj.

· Japenese Knotweed – Roślina, która korzeniami może się wbić w mury nieruchomości i naruszyć jej fundament lub konstrukcję. Większość banków nie udziela kredytu na dom z tą rośliną w ogrodzie.

· Teren zalewowy (Flood Risk Area) – Jest to bardzo ważny punkt, a ponieważ wilgoć jest częstym problemem domów w UK, lepiej omijać tereny powodziowe. Naprawy związane z „Damp-em", są kosztowne, a jeśli nieruchomość znajduje się na terenie powodziowym, mogą być syzyfową pracą.

· Teren pokopalniany (Post Coal Mining Area) – Warto zapytać Agenta bądź właściciela czy nieruchomość leży na terenie starej kopalni. W północnej Anglii jest to dość często spotykane. Takie domy mogą nie być kredytowalne.

· Rodzaj dachu (Roof Type) – Płaskie dachy lepiej omijać. Sporo banków nie udziela kredytów na nieruchomości z płaskim dachem.

· EPC (Energy Performance Certificate) – Im wyższy poziom EPC, tym wydajniejsza energetycznie jest nieruchomość, a co za tym idzie, niższe zużycie energii przyczyni się do mniejszych rachunków.

Jeśli w ogłoszeniu nie znajdziesz wszystkich podanych informacji, zapisz sobie listę pytań do agenta, aby mieć pewność, że nieruchomości nic nie zagraża. Często opis ogłoszenia jest krótki i nie ma w nim wszystkich szczegółów, dlatego rozmowa z Agentem będzie kluczowa, abyś nie marnował czasu na oględziny nieruchomości, która nie będzie spełniała wszystkich standardów kredytowych.

To jest moment w którym możesz wykonać telefon do agencji w celu umówienia viewingu, czyli oglądania domu. Symulację rozmowy zarówno z agentem jak i z vendorem znajdziesz w rozdziale numer 6.

Szukanie nieruchomości poza agencjami – Off Market
Rynek nieruchomości to jednak nie tylko agencje pośrednictwa. W dalszym ciągu istnieje wiele domów, które są sprzedawane bezpośrednio przez właścicieli. Są to tzw. nieruchomości „off market".

W tym podrozdziale omówię najbardziej popularne metody szukania nieruchomości poza rynkiem. Choć na zakup domu dla potrzeb własnych pewnie będziesz korzystał z agencji, to być może któregoś dnia pomyślisz „fajnie byłoby znajdować okazje inwestycyjne i zarabiać na prowizji". Jeśli tak, to poniższe metody będą dla ciebie pomocne.

Opuszczone domy – Land Register

Przechodząc ulicami, warto rozglądać się po okolicznych nieruchomościach. Od czasu do czasu można dostrzec domy, które wyglądają na opuszczone. W takim wypadku można zapisać adres nieruchomości, a następnie poprzez stronę internetową: www.gov.uk/government/organisations/land-registry wchodząc w zakładkę „Search property ownership information", wykupić Title Register za jedyne 3 funty, uzyskując tym samym dane właściciela domu wraz z aktualnym adresem zameldowania.

Często opuszczone domy to nieruchomości, którymi Landlordzi już się nie zajmują, a tym samym mieszkają w zupełnie innym miejscu. Dzięki informacjom zawartym w Title Register można wysłać spersonalizowany list na adres właściciela z informacją, że widziałeś jego dom, który wygląda na niezamieszkany i chciałbyś się dowiedzieć, czy planuje jego sprzedaż.

Listy do Landlordów – Rejestr z Councilu

Lokalny Council posiada ewidencję Landlordów oraz ich nieruchomości. Znajdują się w niej adresy poszczególnych domów oraz adresy właścicieli. To pozwoli Ci na zaadresowanie listu wprost na adres Landlorda. Od czasu do czasu Landlordzi wyprzedają całe portfolia nieruchomości, gdyż są z definicji „Tired Landlord" i już nie chcą dalej zajmować się domami, więc wolą je spieniężyć.

Wysyłając odpowiednią ilość listów, możesz trafić na osobę, która zechce sprzedać Ci swoją nieruchomość, a przy odrobinie szczęścia oraz umiejętności negocjacyjnych, trafisz na dobrą okazję.

Ulotki

Możesz zaprojektować ulotki, w których zawrzesz krótką informację, czego szukasz, oraz jaką korzyść dasz osobie, która akurat może chcieć sprzedać swoją nieruchomość. Ulotki można roznosić zarówno po domach, jak i zaproponować ich umieszczenie w lokalach usługowych. Można też wręczać je bezpośrednio do rąk ludzi w galeriach handlowych, na deptakach, czy po prostu spotykając ich będąc w jakimkolwiek innym miejscu. Nigdy nie wiesz, kto ma dom na sprzedaż. Warto zarzucać sieć szeroko.

Poczta Pantoflowa

Mów wszystkim, że chcesz kupić nieruchomość. Proś ludzi o informację, jeśli dowiedzą się o kimś, kto planuje sprzedać dom. Poczta pantoflowa to od wieków, jedna z najlepszych form marketingu.

Reklama w gazecie

Jest to już bardziej zaawansowany sposób ogłaszania się w kwestii zakupu nieruchomości. Koszty umieszczenia reklamy mogą się różnić w zależności od agencji reklamowej, która drukuje gazety. Może to być koszt 500 funtów lub większy.

Reklama w radio

Podobnie jak w przypadku reklamy w gazecie, z pewnością ta forma ma swoje odzwierciedlenie w cenie, ale może być skuteczna biorąc pod uwagę ilość ludzi słuchających konkretnej audycji radiowej.

Agencje najmu

Warto udać się do biur agencji najmu i poinformować agentów, że szukasz nieruchomości do kupienia i jeśli któryś z ich Landlordów będzie planował sprzedaż swojej nieruchomości, to ty chętnie ją od niego odkupisz.

Spotkania dla Landlordów

Poszukaj w swoim mieście spotkań o tematyce nieruchomości i biznesu. Możesz poznać ludzi, którzy posiadają swoje nieruchomości. Dzięki temu otworzą się Ci furtki do nowych możliwości. Może zechcesz kupić tylko jeden dom, a może poznasz kogoś, kto zaproponuje Ci współpracę, która odmieni twoje życie? Dawaj sobie szanse na pojawianie się w miejscach, gdzie są możliwości oraz poznawanie ludzi, którzy mogą pomóc Ci z tych możliwości korzystać.

Facebook marketplace & Gumtree

Podobnie jak na platformach typu Zoopla czy Rightmove, często pojawiają się tutaj ogłoszenia o sprzedaży domów. Różnica tkwi w tym, że umieszczają je głównie sprzedający bezpośrednio. Wobec tego masz łatwiejszy dostęp do właścicieli domów. Ilość ogłoszeń jest znacznie mniejsza niż na portalach agencyjnych, ale w dalszym ciągu są i warto z nich skorzystać.

Wizytówki

Zaprojektuj najprostsze wizytówki z krótką informacją, że kupujesz nieruchomości. Umieść na nich również dane kontaktowe w postaci adresu email oraz numeru telefonu.

Wizytówki możesz rozdawać każdej osobie, którą spotkasz w różnych miejscach. Sklepy, Szkoły, Centra handlowe, Fryzjer, Myjnia samochodowa, Restauracja, Stadion. Gdziekolwiek jesteś, mów każdemu, czego szukasz. Ten, kto szuka, znajdzie. Ten, kto prosi, otrzyma. Myśl pozytywnie i kieruj się wiarą a znajdziesz to, czego szukasz. W tym przypadku będzie to nieruchomość.

Podsumowanie

- Poznaj platformy do szukania ofert nieruchomości.
- Pobierz pomocne wtyczki oraz narzędzia. Dzięki nim będziesz widział więcej informacji na stronie i łatwiej zlokalizujesz okazję.
- Poznaj czyhające zagrożenia, aby pominąć kosztowne błędy. Flood risk, non-standard construction, Japanese knotweed itd.
- Wykorzystaj filtry do znalezienia odpowiednich ofert. Wpisz w wyszukiwarce informacje, które pomogą Tobie wyeliminować domy, których nie chcesz a tym samym zaoszczędzić czas.
- Zastosuj strategie oraz metody szukania domów poza otwartym rynkiem. Dzięki temu będziesz miał szerszy horyzont możliwości.

- ROZDZIAŁ 5 -

Analiza lokalizacji.

Co łączy nieruchomości i kuchnię francuską?

Wydaje się, że nic. Jest natomiast jedna podobna cecha tych dwóch diametralnie różnych, mieszkających na innych planetach i żyjących w innych czasach tematach.

Otóż w kuchni francuskiej trzema najważniejszymi składnikami jest masło, masło i masło. Masło dodawane jest praktycznie do każdego komponentu wchodzącego w skład potrawy co powoduje, że kuchnia ta jest jedną z najbardziej aromatycznych i smakowo doznaniowych kuchni na świecie.

Co kuchnia ma wspólnego z nieruchomościami?

Już spieszę z porównaniem. W żargonie inwestorów w nieruchomości również wyróżnia się trzy najważniejsze czynniki świadczące o zakupie odpowiedniej nieruchomości, które przeważają nad innymi czynnikami pozostawiając je w cieniu.

Czym są te trzy magiczne czynniki? Są nimi po pierwsze LOKALIZACJA, po drugie LOKALIZACJA i po trzecie – nie zgadniesz! L O K A L I Z A C J A ! ! ! Tak. Lokalizacja jest najważniejszą cechą determinującą dobry zakup. Możesz kupić najpiękniejszy dom. Odjechany od piwnicy po dach, ale jeśli znajduje się on w najgorszej dzielnicy w mieście, to jego zakup będzie porażką. Dlatego najlepiej szukać najbrzydszych domów w najlepszej lokalizacji.

Podniesienie takiej nieruchomości na wartości poprzez remont zwróci Ci większość kapitału, a w perspektywie długoterminowej dom będzie dynamicznie rósł na wartości, dzięki czemu za pomocą narzędzia, jakim jest Remortgage, będziesz mógł odzyskać włożony kapitał.

Jak ocenić czy dom, którym jesteśmy zainteresowani, znajduje się w takiej właśnie okolicy?

W Wielkiej Brytanii rynek jest na tyle rozwinięty, że istnieje sporo platform przeznaczonych właśnie do tego. Są to między innymi: Streetcheck, Checkmystreet, Checkmypostcode, Gov.uk (EPC), Parallel, UK Crime Statistics, Rightmove & Zoopla, Google Maps. Poniżej opisałem w telegraficznym skrócie treści, jakie każda z tych plaOEorm oferuje. A także link do każdej z nich.

Street Check

StreetCheck gromadzi szczegółowe informacje o nieruchomościach i ludności na terenie całej Wielkiej Brytanii. Pokazuje wszystko, co musisz wiedzieć o lokalizacji, w której znajduje się dom, który zamierzasz kupić. Strona jest całkowicie bezpłatna — wystarczy wpisać kod pocztowy, aby znaleźć potrzebne informacje.

Pobiera informacje z różnych oficjalnych rządowych baz danych, w tym informacje ze spisu powszechnego i dane z rejestru gruntów. Następnie filtruje te dane i wyodrębnia kluczowe statystyki, które pomogą Ci w ocenie lokalizacji. Link do strony: www.streetcheck.co.uk

Check My Street

Znajdziesz tu informacje o lokalnych udogodnieniach. Osoby nieposiadające auta mają tu dostęp do informacji o lokalnych przystankach autobusowych i dworcach kolejowych.

Dla zainteresowanych cenami nieruchomości przedstawione są średnie miesięczne czynsze oraz statystyki cen sprzedanych nieruchomości. Jeśli chcesz wiedzieć, czy dany obszar jest bezpieczny, na stronie jest również rejestr lokalnych statystyki przestępczości. Link do strony: www.checkmystreet.co.uk

Check My Postcode

Strona zawiera ogólne informacje o lokalizacji, takie jak ilość mieszkańców na danym kodzie pocztowym, okoliczne szkoły, średnie zużycie energii, średnia prędkość internetu, niektóre statystyki rządowe itd. Link do strony: www.checkmypostcode.uk

Gov.uk (EPC)

Na stronie znajdziesz EPC, czyli Energy Performance Certificate zawierający dane o efektywności energetycznej nieruchomości oraz ocenę wpływu na środowisko. Dowiesz się również jakie działania pozwolą na poprawę oceny efektywności energetycznej, jaki jest koszt podniesienia poziomu EPC oraz jaką kwotę możesz zaoszczędzić w skali roku.

Określając poziom EPC (od a do G) będziesz znał szacunkowe zużycie energii, emisję dwutlenku węgla, oświetlenie, ogrzewanie i ciepłą wodę rocznie, wraz z potencjalnymi kosztami rocznymi dla każdego z nich, przy czym, im wyższy poziom EPC, tym bardziej wydajnie energetyczna jest nieruchomość, a tym samym generuje niższe rachunki. Link do strony: www.gov.uk/find-energy-certificate

Parallel

Na stronie znajdziesz następujące informacje w formie interaktywnych map: zagrożenie powodziowe, zanieczyszczenie środowiska, lokalne szkoły i wiele więcej. Ponownie, wystarczy wpisać kod pocztowy w wybranej mapie, aby uzyskać rzetelne informacje. Link do strony: www.parallel.co.uk

UK Crime Statistics

Strona pokazuje statystyki przestępstw na danym obszarze. Link do strony: www.crime-statistics.co.uk

Rightmove & Zoopla

Na tych platformach oprócz listy nieruchomości na sprzedaż lub wynajem, możesz znaleźć między innymi ceny sprzedaży nieruchomości w swojej lokalizacji. Dzięki temu będziesz świadomy, ile dom, który zamierzasz kupić, będzie wart po remoncie.

Link do Rightmove: www.rightmove.co.uk/house-prices

Link do Zoopla: www.zoopla.co.uk/house-prices

Planujesz kupić dom na wynajem? Strony również zawierają informację o cenach czynszów.

Link do Rightmove: www.rightmove.co.uk/property-to-rent

Link do Zoopla: www.zoopla.co.uk/to-rent

Google Maps

Tego narzędzia chyba nie trzeba szerzej omawiać. W dobie Internetu i smartfonów praktycznie każdy korzysta z map Google. Poza tym mapy służą jako doskonała nawigacja dla kierowców aut czy rowerzystów, a także dla pieszych i osób korzystających z transportu publicznego. Opcja postawienia ludzika na konkretnej ulicy pozwala się poczuć, jakbyś tam fizycznie był. Przełączając rodzaj mapy, możesz użyć widoku satelitarnego, aby sprawdzić, jakie rodzaje budynków znajdują się na konkretnym obszarze, co pozwoli Ci dojrzeć większe fabryki, magazyny itd. Link do map: www.google.com/maps

Opinia ludzi

Dobrym pomysłem jest zaczepienie kilku osób, które mieszkają w sąsiedztwie. Zapytaj, gdzie mieszkają i jaka jest ich opinia na temat tego miejsca. Powiedz, że planujesz kupić dom i chcesz dowiedzieć się więcej o miejscu, w którym spędzisz część życia.

Po rozmowie z sąsiadami będziesz mógł wstępnie ocenić, jakimi oni są ludźmi. Dużo o nich powie sposób wypowiedzi, ton głosu, zachowanie. Bądź wyczulony na reakcje niewerbalne. Ludzie lubią kolorować rzeczywistość. Zawsze sprawdzaj lokalizacje osobiście. Urządź sobie mały spacer i poobserwuj okolicę. To nic nie kosztuje, a może i zaoszczędzić naprawdę bardzo dużo.

Podsumowanie

- Dokonaj analizy fundamentalnej. Wykorzystaj wszystkie informacje, aby zweryfikować, czy lokalizacja, w której szukasz domu jest odpowiednia.

- Poznaj sąsiedztwo. Porozmawiaj z ludźmi mieszkającymi w najbliższej okolicy. Uzyskasz informację z pierwszej ręki.

- ROZDZIAŁ 6 -

Symulacja rozmowy z Agentem lub Vendorem.

Rozmowa z Agentem – Umówienie Viewingu

Pierwsze wrażenie jest najważniejsze. Nawet to przez telefon. Miej to zawsze na uwadze, kiedy rozmawiasz z nowym agentem. Im bardziej dasz się polubić, tym większe prawdopodobieństwo sukcesu w negocjacjach.

Negocjacje rozpoczynają się właśnie tutaj. Od pierwszego kontaktu, pierwszej rozmowy, pierwszego gestu i uśmiechu.

Oglądanie domu możesz umówić na dwa sposoby. Pierwszym sposobem jest kliknięcie „Request Details” i postępowanie zgodnie z instrukcjami. Drugim sposobem jest po prostu wykręcenie telefonu do agencji i bezpośrednie umówienie wizyty. Osobiście polecam sposób numer dwa. Dlaczego?

To proste. Oszczędność czasu i okazja na rozmowę z agentem, a więc możliwość zrobienia pierwszego wrażenia przez telefon. Poza tym będziesz mieć pewność, że nikt cię nie zbędzie. Jeśli będziesz umawiał Viewing idąc za opcją numer jeden, istnieje prawdopodobieństwo, że nikt Ci nie odpowie.

Wykręcając telefon do agencji, bądź przygotowany na to, że agent poprosi cię o podanie poniższych informacji:

· Imię i nazwisko,

· adres zamieszkania,

· numer telefonu oraz adres mailowy,

· kwota do jakiej chciałbyś kupić dom,

· ilość sypialni jaka Cię interesuje,

· lokalizacja, w jakiej szukasz dom.

Agent poprosi Cię o powyższe dane w celu zapisania ich w bazie, aby móc wysyłać Ci oferty nieruchomości drogą mailową.

To jak? Dzwonimy?

Poniżej przedstawiam krótki skrypt rozmowy z agentem w języku angielskim.

A (Agent): Hello! You've reached John Smith from Connells Estate Agency. How can i help you?

Y (You): Hi! My name is Marek. How are you?

A: I'm great. Thank you! And You?

Y: That's awesome. I'm fine as well. Thank You John. John, the reason I'm

calling is, because I'd like to View the property that is listed with Connells for 120 000 and is located at High Street. Is this House still available?

A: Yeah, it is still available. When would you like to see the House?

Y: Before i give you my availability, could you please answer on my few questions regarding advertisement?

A: Of course i can. What would you like to know?

Y: (Tutaj zadajesz pytania odnośnie rzeczy, których nie zauważyłeś w ogłoszeniu)

· Is this house a standard construction?

· What is the EPC Level?

· Is it a Freehold or Leasehold?

A: Agent może odpowiedzieć:

· It is a standard construction / It's non-standard construction

· The EPC Level is D

· It's a Freehold / It's a Leasehold

Y: Thank you for all the information. They are crucial for me. Now everything is clarified thanks to you.

A: My pleasure. If there is anything i can help you with, don't hesitate to ask me. So would you be interested to View this property?

Y: Yes. When is the nearest Viewing? I'm available every day between 3PM and 5PM

A: Would Wednesday at 4:30 PM suit you?

Y: Perfect time. Book the Viewing for me please.

A: What is your full name

Y: My name is Marek Kmiotek.

A: What is your telephone number and e-mail address?

Y: My e-mail address is abc@def.com and my phone number is: +44 1234567 890

A: Thank you. You're all booked in on Wednesday at 4:30PM. Is there anything else i can help you with?

Y: No, that's all. Thank you for your Nme and help. Have a nice day!

A: Same to you. Speak to you soon. Bye!

Y: Bye!

I w taki oto sposób umówiłeś swój pierwszy Viewing. Może się zdarzyć, że Agent do ciebie zadzwoni, aby powiedzieć, że dom został już sprzedany. Wtedy podziękuj mu za jego czasu i bądź miły. Nigdy nie mów

Agentowi nic, co może urazić jego osobę. Nie krytykuj i nie oceniaj, bo możesz sobie raz na zawsze zepsuć relację. Proponuje umówić kilka kolejnych, abyś miał porównanie różnych domów, żebyś mógł wybrać taki, który odpowiada Twoim potrzebom najbardziej. Zapisuj sobie umówione Viewingi w kalendarzu google, wprowadzając również pełen adres nieruchomości. To pozwoli Ci łatwiej dotrzeć do nieruchomości, a dzięki temu, że ustawisz sobie powiadomienie wystarczająco wcześniej, będziesz pewien, że przyjedziesz na czas. Zawsze szanuj czas agenta i postaraj się być trochę wcześniej.

Kolejnym krokiem po umówieniu wizyt, jest udanie się pod adres nieruchomości.

Rozmowa z Vendorem

Podobną rozmowę możesz odbyć z bezpośrednio z właścicielem nieruchomości. Sugeruję, aby w przypadku właściciela nieruchomości, docenić go za każdą najmniejszą rzecz podczas rozmowy. Zobaczysz, jak pozytywny wpływ i dobre wrażenie wywrzesz na nim, doceniając to, że odebrał telefon i wykazał chęć rozmowy z Tobą.

Oczywiście agenta również powinieneś doceniać, ale pamiętaj, że sprzedający jest emocjonalnie związany ze swoim domem i docenienie go powinno wypływać z głębi Ciebie.

Docenić możesz praktycznie za wszystko. Za elastyczność w dacie i godzinie oglądania nieruchomości, za poświęcony czas, za podjęcie decyzji o sprzedaży domu, która z różnych powodów wcale nie musiała być łatwa.

Pamiętaj, że pierwsze wrażenie można zrobić tylko jeden raz. Nawet gdy rozmawiasz z kimś po raz dziesiąty, traktuj każdą rozmowę tak, jakby to miała być pierwsza i ostatnia rozmowa, pozostawiając po sobie zawsze dobre wrażenie i doceniając rozmówcę.

Podsumowanie

- Wykorzystaj konspekt rozmowy z agentem lub vendorem, aby zostawić dobre pierwsze wrażenie. Można je zrobić tylko raz. Zadbaj o profesjonalizm.
- Umów oglądanie domu i przygotuj się na viewing.

- ROZDZIAŁ 7 -

Oglądanie nieruchomości oraz analiza szczegółowa.

W poprzednich rozdziałach dowiedziałeś się, jak umówić Viewing, czyli oglądanie nieruchomości. Uzyskałeś też wstępne informacje o domu. Wiesz, czego się spodziewać po zdjęciach w ogłoszeniu. Wykonałeś wstępną analizę lokalizacji, dzięki czemu jadąc na wizytę, wiesz, że dom znajduje się w miejscu bezpiecznym, bogatym w udogodnienia, transport publiczny oraz szkoły i sklepy. Potwierdziłeś niski „crime rate" oraz brak zagrożenia powodziowego. Nadszedł zatem czas na praktyczną analizę nieruchomości.

Jak się przygotować do Viewingu?

Zabierz ze sobą notatnik, w którym zapiszesz wszystkie elementy wymagające remontu. Na końcu książki znajdziesz check-listę, przedstawiającą wykaz poszczególnych rzeczy które mogą wymagać remontu. Pomoże Ci ona podczas oględzin domu. Dzięki temu będziesz mógł na miejscu zanotować, które rzeczy wymagają wkładu finansowego. Na tej podstawie z łatwością obliczysz budżet na ewentualny remont.

Zwróć uwagę na szczegóły. Sporządź listę najważniejszych rzeczy, które będą miały wpływ na wycenę remontu. Są nimi:

Na zewnątrz

· elewacja (stan cegły, fuga, parapety),

· ogród (stan trawnika, ozdoby, altana, płot),

· podjazd (stan płyt lub kostki brukowej, brama wjazdowa i furtka),

· dach (dachówki, komin, rynny),

· drzwi wejściowe (Stan drzwi, zawiasy, klamka, uszczelka, postbox).

Wewnątrz:

· klatka schodowa, salon i jadalnia (kondycja ścian, podłogi, panele przypodłogowe, dodatki),

· kuchnia (stan mebli kuchennych, blat, piekarnik, okap, pralka, lodówka),

· łazienka i WC (płytki, podłoga, armatura, dodatki),

· instalacja hydrauliczna (rury, zlewy, krany, kolor wody),

· instalacja grzewcza (boiler, grzejniki, rury, termostat, alarm co2),

· instalacja elektryczna (skrzynka elektryczna, gniazdka, kable, uziemienie, oświetlenie),

· okna (szyby, klamki, uszczelki, ogólny stan okien),

· drzwi wewnętrzne (stan drzwi, zawiasy, klamki),

· podłogi (panele podłogowe, dywany, listwy przypodłogowe),

· ściany i sufity (wilgoć, farba, wykończenie, tapety),

· strych (wata izolująca, drewno, wilgoć, przecieki),

· piwnica.

Zapisz w notatniku tak dużo uwag, ile potrzebujesz. Zbierz informacje, które pozwolą Ci dokonać sumiennej wyceny remontu. Jeśli nie znasz się na budowlance, poproś znajomych o kontakt do fachowca, które pomoże Ci wyliczyć koszty remontu.

Pamiętaj, że znajomość kwoty remontu jest rzeczą niezbędną przy ustaleniu ceny, którą będziesz oferował za nieruchomość, chyba że nie zależy Ci na negocjacjach i jesteś gotów zapłacić cenę ofertową. Jeśli jednak chcesz spróbować swoich sił negocjacyjnych, to polecam do kosztów remontu dodać minimum 10%, ponieważ z doświadczenia wiem, że podczas prac remontowych wychodzą dodatkowe rzeczy, które podniosą wycenę. Zabezpiecz się na tę okoliczność, abyś nie był rozczarowany. Żaden budowlaniec nie jest w stanie rzetelnie oszacować wydatków na remont na podstawie opisu. Dopiero podczas robienia demolki widać, co znajduje się pod podłogami, ścianami itd. Dopiero wtedy poznasz końcową kwotę za odnowienie nieruchomości.

Nawiąż relację z agentem lub sprzedającym

Zadawaj pytania, aby dowiedzieć się jak najwięcej o sytuacji agenta, landlorda etc. Nawiąż przyjacielską relację. Odwołaj się do sztuki negocjacji. Techniki, które pozwolą Ci zbudować więź ze stroną sprzedającą znajdziesz w kolejnym rozdziale. Pamiętaj, że jeśli dasz jakąś realną wartość drugiej osobie, ona nie zapomni Ci się odwdzięczyć.

Współczynniki rentowności (Dla nieruchomości inwestycyjnych)

Jeśli kupujesz nieruchomość inwestycyjną, przydadzą Ci się współczynniki określające rentowność inwestycji. W zależności od tego, czy kupujesz dom za gotówkę, czy będziesz posiłkował się kredytem hipotecznym, współczynniki będą się różnić. Dla zakupu gotówkowego użyj ROI, natomiast kupując dom z pożyczką bankową, wykorzystaj ROE.

Ponadto sprawdź wydajność inwestycji obliczając Yield, czyli opłacalność względem przychodu z czynszu. Jeśli Net Yield wynosi 5% lub więcej, lub Gross Yield 8% i więcej, nieruchomość jest warta zachodu.

Wzory i ich opisy na powyższe współczynniki:

ROI (Return on Investment) - Zwrot z inwestycji jest równy dochodowi

netto z firmy lub projektu, podzielonemu przez całkowitą kwotę pieniędzy zainwestowanych w przedsięwzięcie, pomnożoną przez 100. Jeśli na przykład wydasz £70 000 na zakup nieruchomości i osiągniesz zysk netto w wysokości £6 000 w ciągu jednego roku, twój roczny zwrot z inwestycji wynosi 6 000 /70 000 x100, co stanowi 8,57%.
3
Przy obliczaniu ROI inwestycja obejmie nie tylko to, co inwestor wydał z kieszeni, ale także wszystkie pożyczone środki.

*Wzór: ROI = Annual Net Income/Total Cost of Investment*100*

ROE (Return on Equity) - Zwrot z zainwestowanego kapitału możesz obliczyć, dzieląc dochód netto przez kapitał własny i mnożąc wynik przez 100. W tym przykładzie właściciel spółki kupił nieruchomość na wynajem w strategii BTL, w który włożył pieniądze na depozyt, plus okołozakupowe i inne dodatkowe koszty, £30 000. Dochód z najmu netto wynosi również £6000. Twój roczny zwrot z zainwestowanego kapitału wynosi: 6 000/30 000*100 = 20%.

*Wzór: ROE = Annual Net Income/Total Money in*100*

GROSS YIELD

Gross Yield to roczny dochód generowany przez składnik aktywów, podzielony przez jego cenę. Znajomość Gross Yield daje bardzo ogólny pogląd na to, czy dana nieruchomość jest dobrą inwestycją – i daje szybki i łatwy sposób na porównanie różnych nieruchomości.

Jeżeli roczny czynsz wynosi £7 000, a cena zakupu £70 000 to Gross Yield otrzymamy na poziomie 10%.

*Wzór: Gross Yield = Annual Gross Income/Purchase Price*100*

NET YIELD

Net Yield to roczny zysk (dochód minus koszty) wygenerowany przez składnik aktywów, podzielony przez jego cenę. Jeżeli roczny czynsz wynosi £7 000, a koszty roczne £1 000, to roczny zysk netto wynosi £60 00. Cena zakupu jest równa £70 000, to Net Yield równa się 8,57%.

Koszty mogą obejmować następujące elementy: Rata kredytu hipotecznego; Opłaty agenta zarządzającego; Ubezpieczenie; Dodatek za naprawy; Dodatek za pustostany; Opłata za obsługę i czynsz za grunt.

*Wzór: Net Yield = Annual Net Income/Purchase Price*100*

Podsumowanie

- Sporządź notatki wszystkich rzeczy wymagających remontu, aby dokładnie oszacować koszty lub zlecić wycenę firmie remontowej.

- Pamiętaj o budowaniu relacji z agentem. Jest to niezbędne, aby w dalszym procesie negocjacji mieć większe szanse powodzenia przy składaniu oferty.

- Zapoznaj się ze współczynnikami rentowności. Będą one pomocne przy negocjacjach.

- ROZDZIAŁ 8 -

Złożenie oferty oraz negocjacje.

Przedstaw swoja ofertę.

W rozdziale piątym dowiedziałeś się, jak wyszukać rynkową wartość nieruchomości po remoncie. Jeśli od tej wartości odejmiesz koszty remontu i złożysz taką ofertę, wyjdziesz na zero. Nieruchomość nie przyniesie Ci zysku, który mógłbyś uzyskać robiąc remortgage. Powtórzę. Jeśli nie szukasz okazji, tylko chcesz kupić nieruchomość w rozsądnej cenie, to być może kwota ofertowa również Cię zadowoli.

Jeśli natomiast szukasz deala, to musisz złożyć odpowiednio niską ofertę i uargumentować ją we właściwy sposób, stosując techniki negocjacyjne. Złóż ofertę, pamiętając o obliczeniach. Zasada jest taka, że jeśli pierwsza oferta zostanie zaakceptowana, znaczyło to, że była zbyt wysoka. Zalecamy zastosować metodę Ackermana, czyli rozpoczęcie negocjacji ceny od stosunkowo niskiego pułapu, podnosząc cenę co jakiś czas, najczęściej po paru dniach.

Pamiętaj, że proces negocjacji, polega na zadawaniu pytań i pozyskiwaniu informacji. Dzięki temu będziesz znał stanowisko osoby „siedzącej po drugiej stronie stołu".

Czym są negocjacje?

Z języka łacińskiego, negocjowanie (negoNatio), oznacza handel, biznes. Zrobienie interesu ze stroną negocjującą, a co za tym idzie, sytuację winwin. Nie myl negocjacji z targowaniem ceny. To ostatni aspekt procesu negocjacyjnego i zanim przejdziemy do ustalania i negocjowania ceny, najpierw skupimy się na kilku technikach, które pomogą Ci zrozumieć naturę dochodzenia do wygranej dla obu stron. Nikt z transakcji nie może wyjść na stracie. Zachowaj wartości etyczne oraz zasady moralne przy kupowaniu nieruchomości.

Należy zrozumieć i zaakceptować fakt, że wszyscy jesteśmy istotami emocjonalnymi. Wszelka inteligencja oraz matematyczna logika świata nie są w stanie pomóc w pełnych napięcia, zmieniających się interakcjach między dwoma ludźmi, którzy ze sobą negocjują.

Proces negocjacyjny składa się z dwóch głównych czynników. Gromadzenia informacji i wpływu na zachowanie drugiej strony. Efektywne negocjacje polegają na wykorzystywaniu ludzkiej inteligencji oraz psychologicznej przewagi w każdej dziedzinie życia od dokonywania oceny drugiej osoby i wpływania na jej sposób oceniania nas, po wykorzystywanie tej wiedzy w celu uzyskania tego, czego chcemy.

Jak być skutecznym negocjatorem?

Naucz się technik opisanych poniżej, a z pewnością będziesz w mniejszości osób, które skutecznie posługują się językiem negocjacji i zdobywają to, czego chcą.

Lustro

Skup się w pełni na tym co ma do powiedzenia druga osoba. Prowadząc konwersację, dopasuj swój ton głosu oraz styl wypowiedzi do osoby, z którą rozmawiasz. Wytworzy się wtedy nić porozumienia, dzięki której osoba, z którą negocjujesz, odniesie wrażenie, że jesteście do siebie podobni. Powtarzaj również słowa, wypowiadane przez rozmówcę.

Jedne usta. Dwoje uszu. Nie bez powodu.

Słuchaj uważnie i nie wyciągaj pochopnych wniosków. Ważne, aby słuchać przez wystarczająco długi czas i umiejętnie wstawiać przerwy między słuchaniem a mówieniem. Dzięki temu atmosfera w rozmowie będzie spokojniejsza, co pomoże drugiej stronie czuć się bardziej komfortowo i skłoni go do większej otwartości wypowiedzi.

Staraj się uśmiechać. Twój uśmiech wpłynie na ton twojego głosu, co z kolei zwiększy entuzjazm innych ludzi. Kiedy ludzie są w pozytywnym nastroju, są bardziej skłonni do szybszego myślenia oraz chętniej angażują się w rozwiązywanie problemów i współpracę. Tworzy się nić łącząca dwa umysły zwana rezonansem neuronalnym. Obie strony mają wtedy wrażenie, jakby nadawały na tych samych falach radiowych. Jest to doświadczenie niemal metafizyczne, wywołujące uczucie spełnienia.

Spokój i spójność wypowiedzi.

Niski ton głosu i spokojna mowa świadczy o Twojej stabilności oraz pewności siebie. Nie intonuj zbyt wysoko oraz zbyt agresywnie. Sklejaj zdania płynnie i uważnie. Używaj bogatego słownictwa i naucz się dobierać odpowiednio słowa. Pomoże Ci w tym czytanie książek, rozmawianie z mądrzejszymi od siebie ludźmi, słuchanie oraz ciekawość świata.

Odzwierciedlanie

Odzwierciedlenie to powtarzanie trzech ostatnich słów w formie pytającej. Jeśli nie zgadzasz się z druga osobą, odzwierciedlanie sprawi, że nie zostanie to wykryte przez rozmówcę, a jednocześnie wyjaśni on Ci swoje zdanie poprzez parafrazy.

Aby skutecznie zastosować odzwierciedlenie, musisz zastosować odpowiednio długą przerwę po wypowiedzeniu trzech słów drugiej strony. Nic nie mów i czekaj, aż zwierciadło zrobi swoją robotę. Będziesz zaskoczony, jak skuteczne jest to narzędzie. Ja sam wielokrotnie stosuje odzwierciedlanie w rozmowach z ludźmi i nigdy nie przestaje mnie zaskakiwać prostota tej techniki i jednocześnie jej skuteczność.

Etykietowanie

Etykietowanie, to nic innego jak dawanie do zrozumienia drugiej osobie, że ją rozumiemy oraz współodczuwamy jej stan emocjonalny. Etykiety można sformułować w postaci stwierdzeń bądź pytań. Jedyna różnica tkwi we wznoszącej się bądź opadającej intonacji. Etykiety używa się w celu podkreślenia stanu emocjonalnego drugiej strony, której podłożem jest empatia. Przez okazanie zrozumienia zdobędziesz zaufanie.

Etykiety praktycznie zawsze składają się z poniższych słów: „Wydaje się, że...", „Słychać, że...", „Wygląda na to, że..."

Cały sęk tkwi w tym, aby stosować drugą formę osobową, która wyostrza ludzką czujność. Jeśli zamiast „Słychać, że..." użyjesz formy osobowej „Słyszę, że..." wystawiasz opinię subiektywną, do której możesz nie przekonać rozmówcy. Forma „Słychać, że..." nie pozostawi śladu twojej opinii, a wręcz wytworzy nić porozumienia między wami.

Podobnie, jak w przypadku odzwierciedlenia, zasada etykietowania skłania się do ciszy. Kiedy już etykieta została wypowiedziana, nic nie mów.

Słuchaj. Zawsze staraj się zrozumieć drugą stronę. Pamiętaj, że rozładowywanie emocji poprzez etykietowanie trwa dłużej, niż możesz się tego spodziewać, dlatego bądź cierpliwy.

Poprzez etykietowanie wejdź głębiej w ludzkie uczucia i postaraj się odnaleźć punkt zwrotny.

„Nie" to nie odrzucenie. To dopiero początek!

Przez całe życie, wielokrotnie słyszeliśmy słowo "nie", kiedy staraliśmy się o coś. Jeśli bardzo nam na czymś zależało i stworzyliśmy wokół tego poczucie oczekiwania i przywiązania, to słowo "nie" mogło nas zranić. W wyniku tego doświadczenia zaczęliśmy bać odmowy i mogliśmy zrezygnować z podobnych prób w przyszłości w obawie przed odrzuceniem. Jednak gdy zrozumiemy prawdziwą psychologiczną dynamikę, jaka kryje się za słowem "nie", zaczniemy widzieć kryjące się za nim możliwości. Nie przestaniemy się bać tego słowa, ale nauczymy się, jak możemy dzięki niemu osiągać porozumienie z innymi.

Co więcej, słowo "nie" ma niesamowitą moc w usuwaniu barier i otwieraniu korzystnej komunikacji. Musisz nauczyć się odbierać "nie" jako coś więcej, niż tylko odrzucenie i umiejętnie na nie reagować.

Kiedy ktoś mówi Ci „nie", zamień w myślach to słowo w jedną z jego możliwości i znacznie bardziej realnych znaczeń:

· Nie jestem jeszcze gotów;

· Sprawiasz, że nie czuje się swobodnie;

· Nie rozumiem;

· To nie jest to, czego potrzebuje;

· Potrzebuje innych argumentów;

· Chciałbym, aby ktoś inny ze mną o tym rozmawiał;

Ludzie odczuwają potrzebę mówienia „nie". Dlatego nie karm nadziei myślą, że kiedyś go nie usłyszysz. Spraw nawet, by rozmówcy wypowiadali to słowo na wczesnym etapie.

„Nie", stanowi funkcję obronną. Nie ponaglaj nikogo do mówienia „tak". Spróbuj zadać pytanie tak, by osoba mówiąca „nie", wypowiadała je w stanie pełnego spokoju i zrozumienia. Na przykład: „Czy gdybyś stracił to, co do tej pory zyskałeś, byłbyś usatysfakcjonowany z rezultatu"? Czy uważasz, że moja oferta jest odpowiednia"?

Słowo „nie" otwiera dyskusję. Im szybciej druga strona wypowie „nie", tym szybciej będziesz gotów dostrzec nowe szanse i możliwości, których wcześniej nie widziałeś. Powiedzenie „nie" często pobudza ludzi do działania, ponieważ czują kontrolę nad rozmową. Zadawaj odpowiednie pytania i mów językiem korzyści, a sprawisz, że poczują jakby okazja wymykała im się z rąk. Zbudujesz w ten sposób przewagę.

Stosuj pytania konkretne

Piękno konkretnych pytań polega na tym, że nie narzucają celu, który mógłby stać się obiektem ataku, jak to czasem bywa w przypadku twierdzeń. Pytania konkretne służą do edukowania Twojego rozmówcy na temat problemu, zamiast wywoływać konflikt poprzez narzucanie mu swojego punktu widzenia. Ich celem jest skuteczne kierowanie rozmową w pożądanym kierunku, aby osiągnąć zamierzony cel, jednocześnie pozwalając rozmówcy czuć się odpowiedzialnym za dokonane wybory.

Pytania konkretne rozpoczynają zaimki: „kto", „co", „kiedy", „gdzie", „dlaczego" oraz „jak". Te słowa inspirują Twojego partnera podczas rozmowy do myślenia oraz zachęcają do wypowiedzi w szerszym kontekście. W zasadzie listę tę można ograniczyć do trzech najczęściej stosowanych słów początkowych: "co", "jak" oraz czasem "dlaczego". Przykładowo: "Co powiedziałbyś na to, abyśmy spróbowali innej drogi rozwiązania tego problemu?" lub "Jak możemy ulepszyć naszą współpracę, aby osiągnąć lepsze wyniki?"

Czasami też warto zadać pytanie "dlaczego", np. "Dlaczego nie mielibyśmy spróbować czegoś nowego, aby osiągnąć lepsze rezultaty?" Jednak ważne jest, aby zachować odpowiedni ton głosu, pełen szacunku i poważania wobec rozmówcy.

Choć tylko dwa słowa jako punkt wyjściowy mogą wydawać się niewiele znaczące, to faktycznie „co" i „jak" pozwalają na skonstruowanie niemal każdego pytania. Zamiast pytać: „Dlaczego to zrobiłeś?", lepiej zapytać: „Co skłoniło Cię do zrobienia tego?". Zamiast pytać: „Czy to wygląda jak coś, czego chcesz?", lepiej zapytać: „Jakie są Twoje przemyślenia na ten temat?" lub „Jak uważasz, czy to będzie dla Ciebie odpowiednie?".

Model Ackermana – Targowanie

Metoda Ackermana opiera się na zasadzie propozycja-kontrpropozycja, ale jest o wiele bardziej skomplikowana, niż to na pierwszy rzut oka wydaje się. Jest to bardzo efektywny system negocjacji, który pozwala uniknąć stałych, niewiele znaczących pertraktacji i osiągnąć przewidywalny rezultat. Ten system składa się z następujących etapów:

1. Wyznacz swoją cenę docelową (swoje cele).

2. Przedstaw pierwszą propozycję stanowiącą 65% ceny docelowej.

3. Planuj trzy coraz mniejsze podwyżki (do 85%, 95% i 100%)

4. Bądź bardzo empatyczny i korzystaj z różnych sposobów wyrażania „nie", aby skłonić drugą stronę do przedstawienia kontrpropozycji, zanim zwiększysz swoją cenę.

5. Podczas ustalania ostatecznej ceny, posługuj się precyzyjnymi, niezaokrąglonymi kwotami, takimi jak na przykład 37 893 dolarów, zamiast 38 tysięcy dolarów. Takie podejście dodaje wagi i wiarygodności cenie.

Stosuj regułę podobieństwa

Ludzie ufają osobom należącym do ich klubu. Przynależność to instynkt pierwotny. Jeśli będziesz potrafił go wyzwolić, tak, że druga osoba stwierdzi: „och, widzimy świat w taki sam sposób" – wówczas natychmiast zyskasz wpływ.

W interakcji z rozmówcą, doszukuj się podobieństw. Wywołuj sytuacje, które pozwolą tobie zaobserwować jak zachowuje się druga osoba. Dzięki temu będziesz wiedział co lubi, a za czym nie przepada. Negocjacje zaczynają się już od pierwszego słowa. Im szybciej zaczniesz wyzwalać w emocjach rozmówcy uczucie partnerstwa, odwołując się do tego co lubicie oboje, tym lepsza więź między Wami się stworzy co zbuduje mocny fundament pod skuteczniejsze negocjacje. Nie zapomnij jednak o najważniejszym!

Win-win

Sytuacja win-win w negocjacjach to taka, w której obie strony uzyskują korzyści i są zadowolone z wyniku negocjacji. Oznacza to, że każda strona osiąga swoje cele i jest zadowolona z uzyskanych warunków, nie tracąc niczego istotnego. Sytuacja win-win jest pożądana, ponieważ pozwala na utrzymywanie dobrych relacji między negocjatorami i daje możliwość dalszej współpracy w przyszłości. W przypadku sytuacji win-lose jedna ze stron uzyskuje korzyści kosztem drugiej strony, co może prowadzić do konfliktów i utrudnić przyszłą współpracę. W negocjacjach, dążenie do sytuacji win-win oznacza umiejętność znalezienia rozwiązania, które zaspokaja interesy obu stron.

Na człowieka, z którym negocjujesz, zawsze spoglądaj jak na długoterminowego partnera w interesach, a będziesz wiedział intuicyjnie jak się zachować, aby na końcu każda ze stron wyszła zwycięsko.

Pamiętaj o regularnym szlifowaniu swoich negocjacyjnych umiejętności. Wiedza niepraktykowana łatwo ulatuje, dlatego prowokuj często sytuacje, dzięki którym będziesz mógł zastosować któreś z wyżej wypisanych technik. Regularność to podstawa i tylko rutynowe powtarzanie czynności, pozwoli Ci stać się ekspertem w dziedzinie, nad którą chcesz się pochylić. Wraz z praktyką, poszerzaj również teorię. Poznawaj nowe techniki oraz strategie i szukaj ciekawych książek oraz poradników. Na tę okazję pragnę Ci polecić dwie fantastyczne książki, które z pewnością wniosą ogrom wartości do Twojej negocjacyjnej podróży. Są nimi:

"Wywieranie wpływu na ludzi. Teoria i praktyka", Robert Cialdini
oraz

"Negocjuj, jakby od tego zależało twoje życie", Chris Voss.

Podsumowanie

- Poznaj najskuteczniejsze techniki negocjacyjne, codziennie je szlifuj i praktykuj wiedzę. Pozwoli Ci ona swobodnie prowadzić każdą konwersację, której celem będzie przekonanie drugiej strony do pójścia na kompromis.

- Słuchaj uważnie i daj się wygadać rozmówcy. Każdy człowiek potrzebuje czasami wylać z siebie potok słów. Umożliw to drugiej stronie.

- Zapomnij na początku o tak. W zamian za to dąż do sytuacji, w której druga strona wypowie nie, a następnie zadaj pytania otwarte, aby dojść do źródła.

- Zastosuj model Ackermana, aby wytargować dobrą cenę. Stwórz schemat składania ofert i bądź gotów na kontrpropozycję.

- Odnieś się do reguły podobieństwa. Dzięki temu zbudujesz więź ze sprzedającym i łatwiej ulegnie on Twoim propozycjom.

- Zachowaj zasady moralne i zawsze dąż do sytuacji Win-Win. Nie naruszaj poczucia bezpieczeństwa drugiej strony.

- ROZDZIAŁ 9 -

Aplikacja o kredyt.

AGA MOCZYŃSKA
Broker Kredytowy

W tym rozdziale dowiesz się, czym jest aplikacja kredytowa oraz jakie czynności wykonuje mortgage broker, aby uzyskać najlepszą ofertę kredytową dla Ciebie.

Oferta Zaakceptowana – Kontakt z Brokerem

W poprzednich rozdziałach omówiliśmy już pierwszy etap procesu kredytowego i dwa bardzo ważne kroki, które należy wykonać przed złożeniem oferty:

1. Pierwszą konsultację z brokerem, podczas której możemy omówić swoją sytuację i plany, oraz ustalić swoją zdolność kredytową.
2. Decision in Principle – czyli wstępną aplikację kredytową, którą najlepiej złożyć przed rozpoczęciem poszukiwań nieruchomości.

Jeżeli pierwsze dwa kroki masz już za sobą, a Twoja oferta właśnie została zaakceptowana, musisz tylko poinformować o tym swojego brokera, przekazać mu dane nieruchomości, którą kupujesz i podać dane agencji, która ją sprzedaje. Jeśli od wstępnej decyzji upłynął ponad miesiąc, konieczne będzie uzupełnienie dokumentów o aktualne wyciągi bankowe i świeże paski wypłat (payslip).

Aplikacja o Kredyt – Proces

Podczas wstępnej aplikacji kredytowej broker, na podstawie dokumentów, wprowadza Twoje dane w system bankowy i otrzymuje wstępną decyzję kredytową, czyli DIP. Następnym krokiem po znalezieniu konkretnej nieruchomości jest pełna aplikacja kredytowa, w której są już zawarte dane nieruchomości, dane kontaktowe do osoby, która będzie udostępniać nieruchomość rzeczoznawcy, dane prawnika prowadzącego transakcję w Twoim imieniu oraz kopie dokumentów, na podstawie których został złożony DIP.

Jeżeli wszystko się zgadza i nasze dokumenty potwierdzają informacje, na podstawie których bank wydał wstępną decyzję, zostaje zlecona wycena nieruchomości. Bank wyznacza i wysyła rzeczoznawcę, którego zadaniem jest potwierdzenie, że Twoja nowa nieruchomość stanowi dobre zabezpieczenie kredytu i jest warta co najmniej tyle, za ile ją kupujesz.

Standardowa nieruchomość kupowana na kredyt długoterminowy zawsze powinna być w stanie nadającym się do zamieszkania lub wynajęcia, jeżeli kupujesz nieruchomość pod wynajem.

Są też inne rodzaje wyceny i jeżeli zależy Ci na bardzo dokładnej ocenie stanu nieruchomości, to możesz zdecydować się na tzw. Homebuyer's Report, który jest bardzo szczegółowy i opisuje stan poszczególnych elementów nieruchomości. Taki raport może dla Ciebie za dopłatą przygotować rzeczoznawcza bankowy — wtedy należy to zgłosić brokerowi i zamówić go na etapie składania pełnej aplikacji kredytowej — lub możesz go zamówić osobno u niezależnego rzeczoznawcy, który nie jest związany z bankiem.

Rzeczoznawca zaniżył wartość nieruchomości, co dalej?
Na pewno jest to stresujący i rozczarowujący moment, tym bardziej że nie każdy bank udostępni Ci kopię raportu, nawet jeżeli musiałeś zapłacić za wycenę. Niektóre banki udostępniają Ci tylko fragment raportu,

w którym znajduje się komentarz rzeczoznawcy uzasadniający zaniżoną wycenę. W takich sytuacjach masz trzy opcje, jednak warunkiem skorzystania z nich jest sytuacja, w której tylko wartość została zaniżona, ale nieruchomość nadal może być zabezpieczeniem kredytu. Wspomniane opcje przedstawiłem poniżej.

1. Akceptujesz nową wycenę, kupujesz nieruchomość po pierwotnie ustalonej cenie i dokładasz dodatkowy depozyt, aby wyrównać różnicę pomiędzy ceną zakupu a wyceną rzeczoznawcy.

2. Negocjujesz cenę z agentem i sprzedającym, żeby odzwierciedlała wartość określoną przez rzeczoznawcę. Dobry broker pomoże Ci w kontakcie z agencją w tej sprawie.

3. Rezygnujesz z zakupu i szukasz innej nieruchomości – w niektórych bankach możesz kontynuować z tą samą aplikacją i wrócić do etapu wyceny, jak tylko znajdziesz nową nieruchomość.

Czy rzeczoznawca może całkowicie odrzucić nieruchomość?

Tak, może się tak zdarzyć. Najczęstsze przyczyny to:

· zły stan techniczny nieruchomości,

· nieakceptowalne warunki dzierżawy (tzw. leashold), np. zbyt krótki okres dzierżawy lub niekorzystne zasady wzrostu opłat związanych z dzierżawą (tzw. ground rent i service charge),

· okolica, w której znajduje się nieruchomość, która może mieć negatywny wpływ na późniejszą sprzedaż – dotyczy zwłaszcza osiedli i dzielnic socjalnych,

· konstrukcja nieruchomości, np. betonowa lub stalowa.

Większość z tych problemów można wychwycić wcześniej, zadając odpowiednie pytania agentowi i sprzedającemu. Jeżeli chodzi o ogólny akceptowalny stan techniczny, to możesz liczyć na wskazówki brokera, chociaż niektóre problemy nie będą możliwe do wychwycenia ze zdjęć.

Oferta kredytowa

Jeżeli Twoje dokumenty potwierdzają informacje i dane wprowadzone w system bankowy, a wycena zakończyła się pomyślnie i rzeczoznawca potwierdził, że nieruchomość jest warta tyle, za ile ją kupujesz, to bank wystawi oficjalną ofertę kredytu. To oznacza, że kredyt został przyznany i jest gotowy do uruchomienia, ale jeszcze go nie spłacasz i na razie nie jesteś właścicielem nieruchomości. Oferta kredytowa jest zazwyczaj ważna sześć miesięcy i to jest czas, w którym prawnik będzie pracował nad sfinalizowaniem transakcji.

W zasadzie nie zdarza się, żeby bank wycofał się z wystawionej oferty kredytu. Dzieje się tak tylko w wyjątkowych sytuacjach, na przykład:
· w czasie pomiędzy złożeniem aplikacji, a finalizację oferty bankowej raport klienta znacząco i jednocześnie niekorzystnie się zmienia, · następuje bezprecedensowa zmiana na rynku finansowym, tak jak to miało miejsce w listopadzie i grudniu 2022,
· wychodzą na jaw kwestie prawne, często dotyczące dzierżawy, które sprawiają, że nieruchomość nie spełnia kryteriów banku pomimo tego, że wycena była pomyślna. Takie sytuacje zdarzają się · rzadko i są bardzo trudne do wychwycenia na wcześniejszych
· etapach zakupu.

W przypadku wycofania się z oferty masz jeszcze różne opcje kontynuowania zakupu, włącznie ze zmianą nieruchomości, a czasem i zmianą banku.

Transakcje zakupu nieruchomości są interesujące, pełne nieprzewidzianych zwrotów akcji i niespodzianek, ale wiążą się też z dużą satysfakcją i osiąganiem jednych z Twoich największych celów życiowych, warto więc podejść do nich z otwartym umysłem, optymizmem i dużą dozą samozaparcia i konsekwencji. Jeżeli do tego otoczysz się zespołem zaufanych specjalistów, to szanse powodzenia będą bardzo duże!

Podsumowanie

- Przygotuj dokumenty, które ułatwią proces wysyłania aplikacji o kredyt.
- Aplikacja odrzucona – Skonsultuj z brokerem czy lepiej znaleźć nowy dom, czy warto zrobić wycenę z innym bankiem.
- Oferta kredytowa zaakceptowana oznacza, że pożyczka zostaje Ci przyznana. Kolejnym krokiem jest proces zakupowy od strony prawnej.

- ROZDZIAŁ 10 -

Współpraca z prawnikiem. Proces zakupowy.

KAMIL TOMASZEWSKI
Prawnik

PROCES ZAKUPOWY

Czym jest conveyancing?

Conveyancing to prawny proces przeniesienia własności domu ze sprzedającego na Ciebie, kupującego. W Wielkiej Brytanii proces ten zawsze obsługiwany jest przez prawnika i rozpoczyna się w momencie zaakceptowania Twojej oferty na dom, a kończy się w momencie sfinalizowania zakupu i otrzymania kluczy. Jest to bardzo ważny aspekt zakupu domu, więc na pewno będziesz chciał się upewnić, że Twój conveyancing jest przeprowadzony przez odpowiednią osobę.

Oto nasz przewodnik, który krok po kroku przedstawia prawny conveyancingu w Wielkiej Brytanii.

Etap 1: Poinstruuj prawnika

Pierwszym etapem conveyancingu jest znalezienie odpowiedniej kancelarii i poinstruowanie prawników, aby rozpoczęli pracę nad prawną stroną zakupu Twojego domu. Tak naprawdę, prawnika trzeba wybrać już wcześniej. Wiele agencji może nie zaakceptować twojej oferty i tym samym odmówić potwierdzenia transakcji, czyli tzw. Memorandum of Sale.

Dokument ten jest pisemnym potwierdzeniem najistotniejszych na tym etapie szczegółów transakcji, takich jak:

· adres kupowanej nieruchomości,

· uzgodniona cena kupna,

· proponowany termin finalizacji,

· dane sprzedającego i kupującego,

· dane prawników strony sprzedającej i kupującej,

· inne kluczowe ustalenia.

Po sporządzeniu Memorandum of Sale, agencja powinna usunąć ofertę z rynku lub oznaczyć nieruchomość jako sprzedaną (SOLD, subject to contract).

Jeśli rozważasz skorzystanie z usług prawnika, którego polecił Ci agent nieruchomości, radzę najpierw porównać wyceny, aby sprawdzić ofertę nie tylko jeśli chodzi o cenę, ale także serwis, podejście do klienta, dostępność, opinie itd. Nie jesteś zobowiązany do korzystania z kancelarii polecanej przez agenta. Agenci robią to dość często ze względu na prowizję, którą dostaną, a niekoniecznie ze względu na wysoką jakość usługi.

Gdy masz już kilka ofert od różnych kancelarii, zadzwoń do nich, aby omówić, jak działają. Podczas rozmowy ocenisz, czy wydają się kompetentni i skłonni do zrozumienia Twojej sytuacji. Ustalisz też sposób komunikacji podczas całej transakcji.

Gdy poinstruujesz prawnika, przeprowadzi on odpowiednie weryfikacje dowodów tożsamości (paszport, dowód adresu, rachunki potwierdzające aktualny adres), a także wstępnie skontroluje źródło twojego depozytu na zakup domu (wyciągi z banku, akty notarialne, itp.). Szczególnie w tej drugiej kwestii ważne jest, aby mieć wszystko uporządkowane i przedstawić autentyczne dokumenty na co najmniej sześć miesięcy wstecz. Podobne informacje będziesz musiał przedstawić również brokerowi podczas aplikowania o kredyt hipoteczny.

Najprawdopodobniej prawnik poprosi Cię także o:

· wypełnienie standardowych formularzy, aby dokładnie sprawdzić twoją sytuację,

· zdeponowanie funduszy na poczet sprawy, średnio między £500-£1,000.

Po dopełnieniu formalności prawnik skontaktuje się z agentem i prawnikiem sprzedawcy, aby potwierdzić, że otrzymał od Ciebie instrukcje. Poprosi ich o kopię kontraktu (contract), tytuł własności, EPC, certyfikaty, gwarancje i standardowe formularze niezbędne w prowadzonym procesie (contract pack).

Nierzadko jest tak, że strona sprzedająca potrzebuje więcej czasu na zebranie odpowiedniej dokumentacji, dlatego tak ważne jest, aby zarówno prawnik, jak i agencja trzymała rękę na pulsie i regularnie sprawdzała postęp prac z prawnikiem sprzedającego.

Etap 2: Kontrakt sprzedaży i zgłaszanie zapytań

Jeden z pierwszych etapów conveyancingu polega na zbadaniu przez prawnika pełnego contract pack, analizie wszystkich dostępnych informacji i Twoich instrukcji, oraz wysłaniu istotnych pytań (enquiries) do prawnika sprzedającego. Typowy contract pack zawiera:

1. Umowę sprzedaży (contract).

2. Księgi wieczyste do nieruchomości z planem (Official copy title and plan).

3. Potwierdzenie śmierci (Death Certificate) i potwierdzenia spad-

kowego (Grant of Probate), jeśli dom sprzedawany jest przez spadkobierców właścicieli.

4. Energy Performance Certificate (EPC).

5. Standardowe formularze zawierające informacje sprzedającego o nieruchomości (TA6– Property Information Form, TA10 Fixture and Fitings Form).

6. Inne certyfikaty i dokumenty dotyczące nieruchomości, jak certyfikaty instalacji elektrycznej, gazowej, bądź informacje na temat przeprowadzonych prac remontowych.

Zawsze proś prawnika o przesłanie Ci kopii wszelkiej otrzymanej dokumentacji, a także wszystkich enquiries, które zostały skierowany do prawnika sprzedawcy. Na początku współpracy znajdź również moment na omówienie z prawnikiem wszelkich wątpliwości z Twojej strony. Strona sprzedająca musi odnieść się do tych enquiries w formie odpowiedzi (replies to enquiries) lub poprzez przedstawienie wymaganych dokumentów.

W szczególności będziesz chciał dokładnie sprawdzić okres użytkowania swojego nowego domu: czy jest to dzierżawa (leasehold) czy własność (freehold)? Jeśli kupujesz nieruchomość leasehold, zapoznaj się z naszym przewodnikiem dotyczącym przenoszenia własności tytułu i nie polegaj wyłącznie na swoim prawniku, który sprawdza długość leasehold. To jest krytyczna informacja. Leasehold na mniej niż 80 lat mogą stanowić problem, mogą być kosztowne w przedłużaniu i musisz być właścicielem nieruchomości przez dwa lata, zanim będziesz się do tego kwalifikować. Najlepiej unikać leasehold, które mają mniej niż 60 lat.

Kiedy kupujesz dom chcesz, aby proces przebiegał tak płynnie, jak to możliwe, więc upewnij się, że szybko odpowiadasz na zapytania swojego prawnika, a także proś o regularne aktualizacje procesu. Może być tak, że poszczególne enquiries nie będą dla Ciebie tak bardzo ważne, niemniej jednak zakomunikuj to prawnikowi w odpowiedni sposób, żeby niepotrzebnie nie spowalniać procesu.

Etap 3: Przeprowadzenie raportów na temat nieruchomości

Są pewne aspekty mające wpływ na nieruchomość, których możesz nie dowiedzieć się podczas pierwszej wizyty, a nawet aranżując badanie specjalisty (patrz Etap 4). W ramach conveyancingu prawnik przeprowadzi szereg działań, z których wygeneruje raporty (searches), aby upewnić się, że nie istnieją czynniki, które znacząco wpływają na stan lub wartość nieruchomości, o których powinieneś wiedzieć. Niektóre searches będą zalecane przez prawnika przy wszystkich zakupach, a inne będą wymagane przez Twój bank, aby chronić ich przed wszelkimi zobowiązaniami, jakie mogą spoczywać na konkretnej nieruchomości i okolicy.

Standardowe searches obejmują:

- Local Search - wyszukiwanie kartotek z władz lokalnych: czy na końcu twojego nowego ogrodu jest planowana autostrada? A co z radioaktywnym gazem?
- Title checks - sprawdzenie „rejestru własności" i „planu własności" w księdze wieczystej – są to dokumenty prawne potwierdzające prawo sprzedającego do nieruchomości.
- Flood Search - sprawdzenie zagrożenia powodziowego – można

to również zrobić w księdze wieczystej. Jeśli już korzystasz z wyszukiwania środowiskowego(patrz poniżej), możesz nie kupować tego osobno, ponieważ takie wyszukiwanie będzie zawierało znacznie dokładniejsze informacje i mapy dotyczące powodzi.

• Water and Drainage Search - raport władz wodociągowych – dowiedz się, skąd czerpiesz wodę i czy jakiekolwiek publiczne kanały ściekowe na nieruchomości mogą mieć wpływ na rozbudowę lub prace budowlane.

• Chancel Search - raport renowacji prezbiterium – aby upewnić się, że na majątku nie ma potencjalnych pozostałości średniowiecznych zobowiązań, które miałyby pomóc w opłaceniu renowacji lokalnego kościoła. Możesz jednak zdecydować się na wykupienie ubezpieczenia naprawy Chancel za około £20. Przepisy dotyczące naprawy prezbiterium zmieniły się w październiku 2013 r., Więc teraz na Kościele spoczywa obowiązek ustalenia i zgłoszenia odpowiedzialności w księdze wieczystej.

• Environmental Search – raport środowiskowy – ten raport jest używany w większości transakcji i jest dostarczany przez Landmark lub Groundsure. W zależności od tego, z jakiego produktu zazwyczaj korzysta Twój prawnik, raport zawiera informacje na temat zanieczyszczonego gruntu w pobliżu nieruchomości, wysypiska śmieci, dawnego i obecnego przemysłu, szczegółowych prognoz powodziowych, zagrożenia gazem radonowym, problemów ze stabilnością gruntu oraz innych powiązanych informacji.

• Mining Search – raport na temat kopalni w okolicy domu, zawsze wymagany przez banki i mogący zasygnalizować potencjalne problemy strukturalne nieruchomości, czy też związane z ewentualnymi planami rozbudowy budynku w przyszłości.

Koszty wszystkich searches nie powinny wynieść więcej niż około £300-400.

Etap 4: Inspekcja strukturalna domu

Chociaż nie jest to wymóg prawny, przy każdym zakupie nieruchomości warto rozważyć przeprowadzenie inspekcji strukturalnej. Raport z takiej inspekcji, przeprowadzonej przez wykwalifikowanego specjalistę, tzw. surveyora, najlepiej zarejestrowanego na https://www.rics.org/, uwydatni wszelkie główne problemy techniczne budynku. Specjalista może wtedy zalecić dodatkowe inspekcje, takie jak na przykład damp report pozwalający ocenić kwestie wilgotności lub tzw. grzyba, a także wycenić ewentualne koszty naprawy. Rodzaj przeprowadzonej inspekcji (a zwykle mówimy o trzech rodzajach, Level 1, Level 2 i Level 3 - hUps://www.rics.org/professionstandards/rics-standards-and-guidance/sector-standards/buildingsurveying-standards/home-surveys_) będzie zależał od konkretnych okoliczności lub zaleceń wyszczególnionych na etapie searches, lub raporcie rzeczoznawcy z banku.

W zależności od wyników inspekcji, możesz zdecydować się na zakup, renegocjować cenę, lub nawet zdecydować się na wycofanie swojej oferty. Dlatego dobrym pomysłem jest zorganizowanie inspekcji na wczesnym etapie procesu conveyancingu.

Po przeprowadzeniu inspekcji i uzyskaniu raportu, Twój prawnik może doradzić Ci, co robić dalej. Niezależnie od tego, czy pojawiły się problemy, które chcesz rozwiązać przed zakupem, czy też takie, które chcesz jedynie dokładniej zbadać, sprzedawca powinien być poinformowany o wszystkich kwestiach wykrytych podczas inspekcji.

Etap 5: Kredyt hipoteczny

W ramach procesu uzyskiwania kredytu hipotecznego musisz uzyskać wycenę nieruchomości. Odbywa się to poprzez profesjonalnego rzeczoznawcę (valuer) w imieniu banku, tak, aby upewnić się, że nieruchomość, którą kupujesz, zapewnia wystarczające zabezpieczenie pożyczki. Zwykle trzeba za taką wycenę zapłacić podczas procesu składania aplikacji o kredyt. Niemniej jednak warto, abyś spytał swojego doradcę finansowego o ofertę uwzględniającą darmową wycenę (free valuation), którą banki często oferują, aby przyciągnąć klientów. Nie pozwól jednak, aby bezpłatna wycena wpłynęła na ostateczny wybór kredytu. Ważne jest, abyś wybrał najlepszy kredyt hipoteczny dla siebie.

Gdy bank wystawi Twoją ofertę kredytu hipotecznego, Twój prawnik otrzyma jej kopię i zapozna się z warunkami, które będzie musiał dokładnie przeanalizować i wziąć pod uwagę podczas poszczególnych, przedstawionych wyżej etapów conveyancingu.

Etap 6 – Raport i podpisanie dokumentacji

Twój prawnik będzie z Tobą korespondował podczas każdego z kolejnych etapów, które powinny być zwieńczone pełnym, adresowanym do Ciebie raportem. Dokument ten powinien zawierać informacje i rekomendacje na temat:

1. Stanu prawnego budynku.

2. Kwestii wyszczególnionych w searches.

3. Kwestii zbadanych poprzez enquiries i replies.

4. Warunków oferty bankowej.

5. Kalkulacji podatku od nabycia nieruchomości tzw. stamp duty land tax (SDLT).

6. Rozliczenia końcowego, a także wyleczenie depozytu, który musisz wysłać na konto kancelarii.

7. Dokumentów do podpisania, które będziesz musiał odesłać pocztą na adres kancelarii. Prawnik będzie musiał posiadać oryginalne dokumenty.

8. Proponowanych terminów na wymianę kontraktów i sfinalizowanie transakcji.

9. Kopie wszelkiej dokumentacji uzyskanej od prawnika sprzedającego.

Etap 7: Ubezpieczenie domu

Jeśli potrzebujesz kredytu hipotecznego na zakup nieruchomości, bank będzie wymagał od Ciebie ubezpieczenia budynku, zanim będzie mogło dojść do transakcji. Na rynku znajduje się wiele firm ubezpieczeniowych oraz brokerów, dlatego zrób dobry research, aby znaleźć najlepszą polisę w najlepszej cenie, która uwzględnia także wytyczne i wymagania zawarte w raporcie od prawnika i ofercie kredytowej z banku.

Ubezpieczanie będzie musiało być uruchomione w dniu wymiany kontraktów, bo wtedy stajesz się już odpowiedzialny za nieruchomość, nawet jeśli dzień finalizacji transakcji (completion) jest uzgodniony na późniejszy termin.

Etap 8: Wymiana kontraktów

Wymiana kontraktów (exchange), to jeden z najważniejszych etapów conveyancingu. Ty i sprzedawca uzgodnicie datę i godzinę wymiany kontraktów, czyli formalnego zobowiązania się do zakupu. Twój prawnik dokona tego procesu za Ciebie, co zwykle odbywa się w ten sposób, że obaj prawnicy czytają telefonicznie zawartość kontraktów, aby upewnić się, że kontrakty są identyczne, a następnie natychmiast przesyłają je do siebie pocztą.

Po przeprowadzeniu exchange będziesz już prawnie zobowiązany do sfinalizowania transakcji w umówionym terminie. To znaczy, że:

- Jeśli nie sfinalizujesz zakupu, stracisz depozyt, który w zależności od transakcji, wynosi między 5-10% uzgodnionej ceny zakupu. Ten depozyt musi być przelany na konto kancelarii przed Exchange.
- Sprzedawca musi Ci sprzedać nieruchomość i jeśli tego nie zrobi, możesz go pozwać.
- Sprzedający nie może już zaakceptować innej oferty.

Dobrym pomysłem jest wizyta w nieruchomości przed Exchange, aby upewnić się, że wszystko, za co zapłaciłeś, nadal tam jest, a dom nie został w żaden sposób uszkodzony od Twojej poprzedniej wizyty, po której złożyłeś ofertę.

Etap 9: Między wymiana kontraktów a finalizacja

Jesteś teraz na końcowym etapie procesu conveyancingu. Okres między wymianą a ukończeniem wiąże się z wniesieniem przez Twojego prawnika wpisu o Twojej transakcji do portalu HM Land Registry, co będzie oznaczać,że akty własności sprzedającego są zamrożone na 30 dni roboczych. Jest to okres, podczas którego Twoja transakcja ma priorytet, i daje twojemu prawnikowi czas na złożenie aplikacji o transfer tytułu do nieruchomości na Ciebie. Pamiętaj, że sprzedający ma prawo do pozostania w domu aż do completion.

Podczas tego okresu powinieneś zorganizować transport swoich rzeczy, skontaktować się z dostawcami energii, wody, Internetu, aby poinformować ich o potencjalnej dacie zakupu nieruchomości oraz o terminach, w których chcesz przeprowadzić stosowne instalacje lub podłączenia.

Do tego momentu twój prawnik prześle Ci zestawienie zawierające ostateczną kwotę do zapłaty, która będzie musiała zostać przelana na Twoje konto bankowe co najmniej jeden dzień przed zakończeniem procesu. Twój prawnik zwróci się także do banku o przesłanie kredytu hipotecznego na konto kancelarii.

Etap 10: Finalizacja zakupu

Finalizacja zakupu nieruchomości zwykle ustalane jest około południa wskazanego dnia, choć w praktyce ma miejsce, gdy prawnik sprzedającego potwierdzi, że otrzymał balans funduszy od twojego prawnika.

Kiedy to nastąpi, sprzedawca powinien przekazać klucze agentowi nieruchomości, żebyś mógł je odebrać. Completion oznacza, że proces convenancingu dobiegł końca i dom jest twój!

Etap 11: Co dzieje się po zakończeniu?

Po zakończeniu procesu Twój prawnik będzie musiał sfinalizować kilka ostatnich etapów procesu, takich jak:

- Zapłacenie SDLT w twoim imieniu. Aby obliczyć, ile będziesz musiał zapłacić opłaty skarbowej, skorzystaj z naszego bezpłatnego kalkulatora opłaty skarbowej - https://www.tax.service.gov.uk/calculatestamp-duty-land-tax/#/holding
- Złożenie aplikacji o przeniesienie tytułu do HM Land Registry.
- Powiadomienie banku o zakończeniu transakcji.

Będziesz chciał zebrać wszystkie dokumenty związane z zakupem nowego domu, w tym broszurę agenta nieruchomości, aby schować je na wypadek sprzedaży nieruchomości w przyszłości.

Etap 12 – Kiedy kolejny dom?

Kupno Twojej nieruchomości residential nie musi być jedynym zakupem, jakiego dokonasz. Być może zauważysz potencjał płynący z posiadania domów na wynajem Buy To Let i zechcesz kupować nieruchomości, aby budować dodatkowe źródła dochodu w celu zabezpieczenia siebie oraz Twoich bliskich.

Wielka Brytania oferuje szereg ciekawych rozwiązań, jeśli chodzi o inwestowanie w nieruchomości. Możesz nabywać kolejne nieruchomości bez obawy, że osiągniesz limit kredytów. Banki są chętne, aby udzielać pożyczek, bo dla nich to też jest dobry interes.

Wiele osób, zaczynało od swojego pierwszego domu, a dziś posiada pokaźne portfolia, które pozwoliły im odejść z rutynowej pracy na etacie. Dzięki temu realizują się w przeróżnych obszarach. Jedni rozwijają swoje firmy, inni podróżują, lub korzystają z życia na swoich zasadach. Takich historii jest wiele.

Oczywiście praca na etacie nie jest niczym złym. Jeśli kochasz to, co robisz i sprawia Ci to radochę, a każdego dnia budzisz się z uśmiechem na twarzy i satysfakcją z nadchodzących wyzwań, to prawdopodobnie masz wszystko, czego potrzebujesz. Bądź co bądź, szczęście w życiu jest bardzo ważne, ale spokojniej się żyje, mając pewność, że pieniędzy nie zabraknie. Rosnący popyt najmu z pewnością daje pozytywną perspektywę dodatkowego zarobku z tytułu posiadania nieruchomości inwestycyjnych.

To jak?

Kolejny krok to nieruchomość Buy To Let?

Podsumowanie

- Znajdź odpowiedniego prawnika. Dobry prawnik przeprowadzi transakcję szybko i bezpiecznie. Zaoszczędzi to Tobie wiele stresu.

- Współpracuj z prawnikiem i dostarczaj mu na czas wszystkie dokumenty, o które prosi. Nie ponaglaj prawnika.

- Ubezpiecz nieruchomość. Wybierz firmę ubezpieczeniową, która będzie miała najbardziej atrakcyjną polisę dla Ciebie.

- Podpisz i odeślij kontrakty. Jest to ostatni etap procesu zakupowego, po którym nastąpi transfer funduszy oraz ustalenie dnia odbioru kluczy.

- ROZDZIAŁ 11 -

Nieruchomość jest Twoja. Co dalej?

Odbiór kluczy

Gratulacje!

Dotarliśmy do końca. Nastał wielki dzień. Odbiór kluczy do Twojego wymarzonego domu. Chyba każdy, kto kupuje swoją pierwszą nieruchomość odczuwa wysoki poziom ekscytacji na samą myśl, że za chwilę w jego rękach znajdą się klucze otwierające drzwi do nowego miejsca zamieszkania.

Moja ekscytacja była wysoka, ale ze względu, że przeprowadzałem się w życiu 45 razy, zanim podjąłem się zakupu swojej pierwszej nieruchomości, wiedziałem, że nie jest to dom, w którym chcę mieszkać docelowo. Z pewnością w przyszłości będzie on wynajęty do celów inwestycyjnych. Mój wymarzony dom znajduje się z dala od dużych miast, w otoczeniu zieleni i w sąsiedztwie rzeki lub jeziora.

Jaka jest lokalizacja Twojego wymarzonego domu?

Czy ten, który kupujesz, jest właśnie tym docelowym, w którym chcesz spędzić resztę życia, czy kupujesz dom jako start-up do kolejnych zakupów w przyszłości?

Gdzie odbierzesz klucze?

Najczęściej znajdują się one w biurze agencji, która sprzedawała dom lub w kancelarii prawnika. Aby odebrać klucze, proponuje zadzwonić do biura i umówić się na określoną godzinę, aby mieć pewność, że zastaniesz agenta w pracy. Przygotuj mały upominek w ramach podziękowań za transakcję. Wino i bombonierka powinny zrobić robotę. Tobie portfel nie schudnie, a agent będzie czuł ogrom przyjemności, jeśli otrzyma prezent. Być może w przyszłości będziesz miał okazję korzystać z jego usług po raz kolejny. Nawet jeśli dziś myślisz, że inwestowanie nie jest dla ciebie, to zachęcam do nagrodzenia agenta. Poza tym nigdy nie mów nigdy. To, że dziś nie czujesz się gotowy do kupowania domów na wynajem, wcale nie oznacza, że pewnego dnia Twój stan gotowości nie ulegnie zmianie. Wystarczy spojrzeć na to, jak szybko domy rosną na wartości oraz ile dzięki nim można generować przychodu pasywnego.

Poza tym spłacany kredyt powoduje, że Twój wkład własny w nieruchomość stale się zwiększa, a korzystając z produktu, jakim jest remortgage, będziesz mógł obracać jednym kapitałem kilkakrotnie, co z kolei pozwoli Ci na zakup kolejnego domu z niewielkim lub zerowym wkładem własnym. Never say never. Zrób prezent agentowi, choćby dla czystej przyjemności dawania. Każdy lubi czuć się doceniony.

Pierwsza wizyta w nowym domu

Nie chcę cię straszyć, ale wolę Cię uprzedzić, żebyś się nie przeraził, jeśli kupujesz dom w stanie do remontu, kiedy po raz pierwszy przekroczysz próg. Ze względu na to, że proces zakupowy domu w Wielkiej Brytanii trwa od trzech do sześciu miesięcy, nieruchomość, która stoi pusta, jest najczęściej nieogrzewana, czego konsekwencją może być rozprzestrzeniająca się wilgoć. Jeśli dach lub okna były uszkodzone, mogą pojawić się przecieki i grzyb, dlatego, jeśli kupujesz nieruchomość, która wymaga remontu, twoje początkowe szacunki mogą się nieco różnić od tych, które finalnie skonfrontuje ekipa remontowa.

Jeśli sam będziesz wykonywał prace remontowe to pół biedy, bo koszty nie powinny wtedy znacznie wzrosnąć, natomiast jeśli korzystasz z zewnętrznej ekipy remontowej, zalecam sprawdzenie wycen kilku firm, aby porównać koszty. Ponadto będziesz mógł zaobserwować, która z ekip jest najbardziej profesjonalna. Pamiętaj, że za niską ceną może się kryć słaba jakość usług, tanie materiały, budżetowe podejście do remontu, niewykwalifikowani ludzie. Musisz być czujny na obietnice złotych gór. Zapraszając kilka ekip, zadaj im kilka kluczowych pytań:

Jak długo jesteście na rynku?
Jakie są wasze terminy?
Jak długo potrwa remont?
Z jakich materiałów korzystanie?
Ile osób liczy ekipa remontowa?
Jakie projekty wykonywaliście ostatnio?

Dobre ekipy remontowe mają projekty w toku, dlatego najczęściej będzie trzeba chwilę poczekać. Są terminowe, a jeśli mają obsuwy, to niewielkie. Będą szczerze mówić o ryzykach oraz potencjalnych zagrożeniach. Posiadają zdjęcia z wykonywanych projektów i nie będą mieć obiekcji, jeśli poprosisz o ich zaprezentowanie. Ponadto firmy te zatrudniają fachowców. Na pytanie, ile osób liczy ekipa remontowa i czym zajmują się poszczególni pracownicy, usłyszysz, że każdy ma inne zajęcie, co świadczyć będzie o dobrej organizacji pracy.

Pamiętaj, że pod kątem utraty pieniędzy to właśnie remont jest najbardziej ryzykownym etapem po zakupie nieruchomości, ponieważ to właśnie błędy popełnione podczas renowacji najczęściej odbijają się na portfelu. Zadbaj o to, aby zatrudnić odpowiednich ludzi, sprawdzając referencje, stronę internetową firmy, profil na Facebooku itd.

Council Tax & Bills

Przejęcie własności nad nieruchomością wiąże się z kosztami takimi jak Council Tax, prąd, gaz, woda, Internet itd. Jedną z pierwszych rzeczy, które powinieneś zrobić, jest spisanie liczników i wybranie dostawcy prądu i gazu. Na rynku jest sporo firm, które świadczą takie usługi. Są to m.in. Shell, Opus, Bulb, Utility Warehouse i wiele innych. Warto odwiedzić stronę www.moneysupermarket.com, aby porównać oferty i wybrać odpowiedniego dostawcę.

Kolejnym krokiem będzie przepisanie własności do Council Tax, czyli podatek lokalny od użytkowania nieruchomości. Jak to zrobić?

Wejdź na stronę swojego lokalnego Councilu i wyszukaj zakładkę Council Tax. Następnie postępuj zgodnie z krokami. Płatność za Council Tax będzie pobierana z konta na zasadzie Direct Debit, tak samo jak opłata za rachunki, wodę, Internet, a także ratę kredytową, czy ubezpieczenie budynku.

Podsumowanie

- Odbierz klucze. Skontaktuj się z prawnikiem, aby ustalić datę oraz miejsce odbioru kluczy. Najczęściej ma to miejsce w oddziale Agencji.

- Ustal zakres prac remontowych. Spotkaj się z firmami remontowymi i wykonaj kilka wycen. Porównaj je ze sobą i wybierz najbardziej atrakcyjną.

- Zarejestruj się do Council Tax. Sprawdź lokalny Council. Odwiedź stronę internetową i ustaw płatność.

- Znajdź odpowiedniego dostawcę energii. Z dostępnych na rynku ofert wybierz tą, która najbardziej odpowiada Twoim oczekiwaniom.

ZAKOŃCZENIE

Drogi Czytelniku,
Dotarliśmy do końca.

Mogę teraz stwierdzić, że jesteś uzbrojony w wiedzę o tym, jak kupić swój pierwszy dom w UK. Jeśli na jakimś etapie spotkasz się z wątpliwościami, pamiętaj, że wielu ludzi miewa wątpliwości i są one często nieodłącznym elementem podejmowania ważnych decyzji w życiu.

Jeśli będziesz otaczał się odpowiednimi ludźmi, którzy pomogą Ci w procesie zakupowym pominąć kosztowne błędy, Twoje wątpliwości będą mniejsze lub nie pojawią się wcale, dlatego serdecznie zachęcam do tego, abyś zawsze korzystał z usług sprawdzonych specjalistów w swoich dziedzinach.

W książce tej partycypują tacy eksperci i są nimi współautorzy Aga Moczyńska Hussaria Group Ltd oraz Kamil Tomaszewski McHale and Co. Solicitors. Jeśli szukasz firmy brokerskiej, która pomoże Ci w uzyskaniu kredytu na zakup domu lub kancelarii prawnej, która przeprowadzi Cię przez cały proces zakupowy, to Aga i Kamil nie mają konkurencji. Profesjonalizm w każdym calu, na każdym etapie współpracy, gwarantowany.

Jeśli jednak pojawią się w Twojej głowie wątpliwości przed zakupem nieruchomości, pomimo zabezpieczenia finansowego, zdolności kredytowej i dobrej sytuacji prywatnej, zadaj sobie pytania:

Czy nie powstrzymują mnie jakieś błędne przekonania?

Czy nie kieruje mną strach?

Cofnij się wtedy do rozdziału numer 1 i przeczytaj go w całości wraz z moją historią. Ja też miewałem wątpliwości. Moja pewność siebie wcześniej była tak niska, że mając dwadzieścia lat, nie wierzyłem, że kiedykolwiek kupię swój dom. Wtedy się myliłem. Dzisiaj już nie mam wątpliwości i wiem, że każdy cel można w życiu zrealizować. Wystarczy tylko wierzyć w swoje możliwości i każdego dnia wkładać niezbędną pracę do stawania się lepszą wersją siebie.

Skoro Kmiotek kupił dom, to Ty też możesz i każdy inny człowiek również.

Przypomnij sobie również, jakie były Twoje marzenia i co chciałeś w życiu osiągnąć, kiedy byłeś młodszy. Jak już sobie to przypomnisz, zapisz na kartce, schowaj do portfela, noś ze sobą, miej ją zawsze pod ręką i spełniaj cele, jeden po drugim, wątpliwościom mówiąc głośne, ZAPRASZAM WYPIERD*LAĆ!

Pragnę Cię zaprosić do polubienia i śledzenia fanpage-a książki „Jak kupić pierwszy dom w UK", zarówno na Facebooku, jak i na Instagramie. Odbywają się tam cykliczne live-y, podczas których możesz zadawać pytania, dzięki czemu rozwiejesz wszystkie swoje wątpliwości, nabędziesz dodatkową wiedzę i nawiążesz wartościowe kontakty.

Trzymam za Ciebie kciuki!

Marek Kmiotek

Jak kupić pierwszy dom w UK – Plan

Kupno nieruchomości jest proste, ale musisz spełnić kilka wymagań, których proces może być czaso- oraz pracochłonny. Wszystkie te punkty, zostały szerzej opisane w książce. Poniżej znajdują się "bullet-points", które pozwolą Ci łatwiej przyswoić wiedzę oraz naprowadzą na odpowiedni kierunek myślowy.

1. Pozbądź się błędnych przekonań

Na początek zadaj sobie pytania, które pomogą określić czy w Twojej podświadomości znajdują się ograniczające przekonania z przeszłości. Pracuj każdego dnia nad ich eliminacją. Uwierz, że kupno domu jest prostsze, niż Ci się wydaje. Nie masz nic do stracenia.

2. Określ swój budżet

Zanim zaczniesz szukać domu, musisz określić swój budżet. Pomoże to zawęzić wyszukiwanie i uniknąć późniejszego rozczarowania. Jeśli nie masz oszczędności, ustal plan na najbliższy rok, eliminując zbędne koszty życia, wydając tylko na to, czego naprawdę potrzebujesz.

3. Popraw credit score oraz zbuduj zdolność kredytową

Przeprowadź wstępną konsultację z Mortgage Brokerem, aby dowiedzieć się, czy Twój credit score jest na odpowiednim poziomie. Jeśli będzie zbyt niski, Broker doradzi Tobie co zrobić, aby go poprawić. Następnie określi Twoją zdolność kredytową, dzięki czemu będziesz wiedział ile pieniędzy na zakup domu pożyczy Ci bank.

4. Zdecyduj się na lokalizację

Kiedy już masz ustalony budżet oraz wiesz, jaka jest Twoja zdolność kredytowa, musisz zdecydować o lokalizacji. Weź pod uwagę takie czynniki, jak ceny domów, odległość od pracy, szkół, sklepów i połączeń komunikacyjnych. Zanim podejmiesz decyzję, zbadaj okolicę i odwiedź ją kilka razy, aby ją lepiej poznać.

5. Uzyskaj wstępną decyzję kredytową

Zanim zaczniesz szukać domu, powinieneś uzyskać wstępną zgodę na kredyt hipoteczny. W tym celu poproś Brokera, aby przygotował dla Ciebie decision in principle oraz potwierdził zdolność kredytową.

6. Rozpocznij poszukiwanie domu

Gdy znasz swój budżet i lokalizację, w której chcesz kupić, możesz rozpocząć poszukiwanie domu. Możesz skorzystać z internetowych portali nieruchomości, takich jak Rightmove, czy Zoopla lub postarać się znaleźć dom metodami "off market"

7. Oglądanie nieruchomości

Umów kilka viewingów i udaj się na nieruchomości. Nawiąż kontakt z agentem, zadając mu pytania otwarte. Pamiętaj, że pierwsze wrażenie robi się tylko raz. Zadbaj o to, aby Agent zapamiętał Cię z jak najlepszej strony. Na viewing zabierz ze sobą check-listę. Pomoże Ci ona określić stan nieruchomości i obliczyć koszty remontu.

8. Złóż ofertę i negocjuj

Po znalezieniu i oględzinach nieruchomości, która Ci się podoba, możesz złożyć ofertę opartą na wyliczeniach oraz analizie lokalizacji. Zwróć uwagę na wartości domów w okolicy. Złożenie oferty zwykle odbywa się za pośrednictwem agenta nieruchomości lub bezpośrednio do sprzedającego. Jeśli Twoja oferta zostanie odrzucona, odwołaj się do sztuki negocjacji.

9. Nawiąż współpracę z prawnikiem

Po zaakceptowaniu Twojej oferty będziesz musiał poinformować o tym fakcie prawnika. Najlepszy scenariusz jest wtedy, kiedy już wcześniej znasz odpowiednią osobę, która przeprowadzi dla Ciebie proces zakupowy.

10. Złóż aplikację o kredyt

Poinformuj Brokera o tym, że oferta na zakup domu została zaakceptowana. Złoży on w Twoim imieniu aplikację o kredyt i zadba o to, aby proces udzielenia pożyczki od banku przebiegł sprawnie i skutecznie.

11. Proces zakupowy

Prawnik w Twoim imieniu zamówi searche oraz uzyska wszystkie informacje, które będą kluczowe w szybkim przeprowadzeniu procesu zakupowego. Etap ten trwa zwykle około 3-4 miesięcy. Po tym czasie, jeśli wszystko pójdzie zgodnie z planem, nastąpi wymiana kontraktów.

12. Exchange & Completion

Proces zakupowy dobiega końca. Prawnik wyśle Ci kontrakty do podpisania oraz odesłania. Następnie poprosi o wpłatę środków na konto prawnicze. Kolejnym i ostatnim krokiem jest completion, a więc odbiór kluczy.

Gratulacje!

Właśnie stałeś się właścicielem nieruchomości w Wielkiej Brytanii. Teraz możesz się wprowadzić i zacząć urządzać dom zgodnie z Twoją wizją.

Słowniczek pojęć

Lodger - to osoba wynajmująca pokój w domu, zamieszkanym przez właściciela. Na rok 2023, właściciel, który wynajmuje pokoje w swoim domu residential lodgersom, uzyskuje £7500 kwoty wolnej od podatku.

Mortgage - to rodzaj kredytu, który jest udzielany przez bank na zakup nieruchomości.

Remortgage - inaczej refinansowanie, to proces zastępowania istniejącego kredytu hipotecznego na nieruchomości nowym kredytem hipotecznym, zwykle z innym pożyczkodawcą lub nową umową kredytową z tym samym pożyczkodawcą. Największym benefitem remortgage jest wyciągnięcie nadwyżki kapitałowej po wzroście wartości nieruchomości w czasie.

Buy to let (BTL) - to rodzaj inwestycji w nieruchomości, w której nieruchomość jest kupowana w celu wynajmu. Inwestor staje się właścicielem nieruchomości, a dochód z wynajmu jest wykorzystywany na pokrycie spłat kredytu hipotecznego, wydatków związanych z nieruchomością i generowanie zysku.

First time buyer (FTB) - to osoba, która kupuje nieruchomość po raz pierwszy. Obejmuje to osoby, które kupują nieruchomość do zamieszkania na potrzeby własne, jak i te, które kupują nieruchomość jako inwestycję np. Buy to let. FTB jest zwolniony z obowiązku płacenia podatku Stamp Duty do kwoty zakupu £425000.

Mortgage broker - to doradca hipoteczny, który jest ściśle regulowany przez Financial Conduct Athority (FCA). Broker działa jako pośrednik między kredytobiorcami a kredytodawcami w procesie uzyskiwania kredytu hipotecznego.

Credit score - to punktowe zestawienie wiarygodności kredytowej danej osoby, która jest oparta na jej historii kredytowej. Pożyczkodawcy, tacy jak banki i firmy obsługujące karty kredytowe, wykorzystują credit score do oceny ryzyka kredytobiorcy. Credit score można sprawdzić w takich programach jak Experian lub Check my file.

Decision in principle (DIP) - jest dokumentem potwierdzającym zdolność kredytobiorcy do uzyskania kredytu hipotecznego na podstawie wstępnej oceny jego sytuacji finansowej. DIP nie jest formalną ofertą kredytu hipotecznego, ale raczej oświadczeniem pożyczkodawcy, że jest gotów rozważyć udzielenia określonej kwoty pożyczki.

Financial Conduct Authority (FCA) - organ odpowiedzialnym za regulację i nadzór nad rynkami finansowymi oraz firmami świadczącymi usługi finansowe. Jego głównym zadaniem jest chronić konsumentów i zapewniać integralność rynku. Odpowiednik polskiego KNF.

Home owner - to właściciel nieruchomości. Posiada pełną kontrolę nad nieruchomością i może ją wykorzystywać do celów mieszkalnych, wynajmować najemcom lub sprzedać z zyskiem.

Stamp Duty Land Tax (SDLT) - to podatek płacony przez nabywcę nieruchomości. Wysokość podatku jest ustalana na podstawie ceny zakupu domu.

Hard search - rodzaj kontroli kredytowej przeprowadzanej przez pożyczkodawcę lub instytucję finansową, w momencie ubiegania się o kredyt lub pożyczkę. Obejmuje dokładny przegląd raportu kredytowego wnioskodawcy, który zawiera informacje o jego historii kredytowej,
zaległych długach, czy historii płatności. Hard search może mieć wpływ na obniżenie credit score.

Leasehold - to rodzaj własności nieruchomości, w której właściciel posiada jedynie prawo do zajmowania domu przez określony czas, który zapisany jest w umowie z Freeholderem. Freeholder zachowuje własność gruntu i budynku oraz jest odpowiedzialny za utrzymanie konstrukcji i części wspólnych budynku.

Freehold - to rodzaj własności nieruchomości, w którym właściciel posiada prawną własność i kontrolę nad nieruchomością i gruntem, na którym się znajduje. Właściciel posiada prawo do zajmowania i użytkowania nieruchomości tak długo, jak chce i jest odpowiedzialny za wszystkie aspekty, w tym konserwację, naprawy i ubezpieczenie.

Council tax - to podatek lokalny nakładany na nieruchomości mieszkalne w Wielkiej Brytanii w celu finansowania usług władz lokalnych, takich jak wywóz śmieci, utrzymanie dróg i edukacja.

Cavity wall - to rodzaj konstrukcji stosowanej w budynkach, która składa się z dwóch oddzielnych ścian ze szczeliną lub wnęką między nimi. Dwie ściany są zwykle wykonane z cegły, pustaków lub innych materiałów budowlanych, a szczelina między nimi jest zwykle wypełniona materiałem izolacyjnym, takim jak pianka lub wełna mineralna.

Japeneese knotweed - to szybko rosnący, inwazyjny gatunek rośliny, który pochodzi z Azji Wschodniej. Został wprowadzony do Europy pod koniec XIX wieku jako roślina ozdobna, ale od tego czasu stał się głównym problemem środowiskowym ze względu na jego zdolność do szybkiego rozprzestrzeniania się i wrastania w konstrukcję budynku.

Viewing - oględziny nieruchomości w celu zweryfikowania informacji w ofercie i sprawdzenia stanu faktycznego domu przed złożeniem oferty.

Land register - to oficjalny rejestr własności gruntów i praw własności w określonej jurysdykcji, zwykle prowadzony przez agencję rządową lub inny organ publiczny.

Return on Investment (ROI) - jest to pomiar rentowności inwestycji w stosunku do jej kosztów. ROI wyrażony jest w procentach i obliczany poprzez podzielenie zysku netto z inwestycji przez jej całkowity koszt i pomnożenie wyniku przez 100.

Yield - odnosi się do dochodu lub zwrotu generowanego przez inwestycję. Jest miarą rentowności inwestycji i najczęściej jest używany przez inwestorów do porównywania różnych możliwości inwestycyjnych.

Payslip - to dokument dostarczany pracownikowi przez pracodawcę, zwykle regularnie, który określa szczegóły jego wynagrodzenia za określony czas.

Ground rent - to opłata płacona przez leaseholdera właścicielowi gruntu (freeholderowi), zazwyczaj w ujęciu rocznym.

Service charge - opłata eksploatacyjna, płacona przez najemcę, albo dzierżawcę właścicielowi, lub agentowi zarządzającemu w celu pokrycia kosztów utrzymania i świadczenia usług na rzecz budynku lub inwestycji.

Memorandum of sale - to dokument określający kluczowe szczegóły sprzedaży nieruchomości i potwierdzający, że zarówno kupujący, jak i sprzedający zgodzili się na określone warunki. Zwykle jest przygotowywany przez agenta nieruchomości prawnika kupującego w celu rozpoczęcia prawnego procesu przeniesienia własności nieruchomości.

Exchange - to kluczowy krok w procesie kupna lub sprzedaży nieruchomości w Wielkiej Brytanii. Jest to moment, w którym zarówno kupujący, jak i sprzedający stają się prawnie zobowiązani do zawarcia transakcji.

Completion - jest to ostatni etap sprzedaży lub kupna domu, czyli moment, w którym cena zakupu jest w pełni zapłacona, własność nieruchomości przechodzi na kupującego, a sprzedający opuszcza nieruchomość. W tym samym dniu następuje zazwyczaj odbiór kluczy do nieruchomości przez kupującego.

Viewing check-list

Poniższa lista, została stworzona aby ułatwić Tobie oszacowanie kosztów remontu. Przy każdej pozycji zapisz stan poszczególnego elementu. Pozwoli Ci to dokładniej opisać kondycję nieruchomości, gdy będziesz omawiał remont z ekipą budowlaną.

Wewnątrz

Przedpokój/Salon/Jadalnia

- Elektryka, oświetlenie, gniazdka, włączniki i alarmy
- Grzejniki
- Podłogi
- Ściany

- Sufit
- Drzwi
- Okna
- Schody
- Balustrada
- Kuchnia
- Meble Kuchenne
- Blat kuchenny
- Zlew
- Piekarnik
- Płyta gazowa/elektryczna
- Okap
- Ściany
- Sufit
- Podłoga
- Drzwi
- Oświetlenie
- Okno
- Grzejnik
- Gniazdka elektryczne
- Boiler
- Instalacja hydrauliczna

Łazienka

- Armatura
- Wanna
- Kabina prysznicowa

- Zlew
- Muszla klozetowa
- Szafa łazienkowa
- Płytki
- Podłoga
- Drzwi
- Sufit
- Oświetlenie
- Grzejnik
- Instalacja hydrauliczna

Pokoje

- Ściany
- Podłoga
- Sufit
- Okno
- Drzwi
- Oświetlenie
- Gniazdka elektryczne

Na zewnątrz

- Elewacja
- Dach
- Komin
- Rynny
- Okna
- Garaż
- Podjazd

- Ogród
- Płot
- Furtka
- Drzwi wejściowe

Polecane przeze mnie książki:

1. Dawid Dowbusz - „Śladem Fortuny" (Polecam również szkolenia Dawida, dzięki którym posiądziesz szeroką oraz kompleksową wiedzę o tym, jak inwestować na rynku brytyjskim).
2. Simon Zutshi – „Property Magic"
3. Chriss Voss, Tahl Raz – „Negocjuj, jakby od tego zależało twoje życie"
4. Anthony Robbins – „Obudź w sobie olbrzyma"
5. Joe Girard, Stanley H. Brown – "Każdemu sprzedasz wszystko, co zechcesz"
6. Bryan Tracy – „Zjedz tę żabę"
7. Robert Cialdini – „Wywieranie wpływu na ludzi"
8. Daniel Goleman – „Inteligencja Emocjonalna"

Notatnik

....

....

....

....

....